8° J 5913

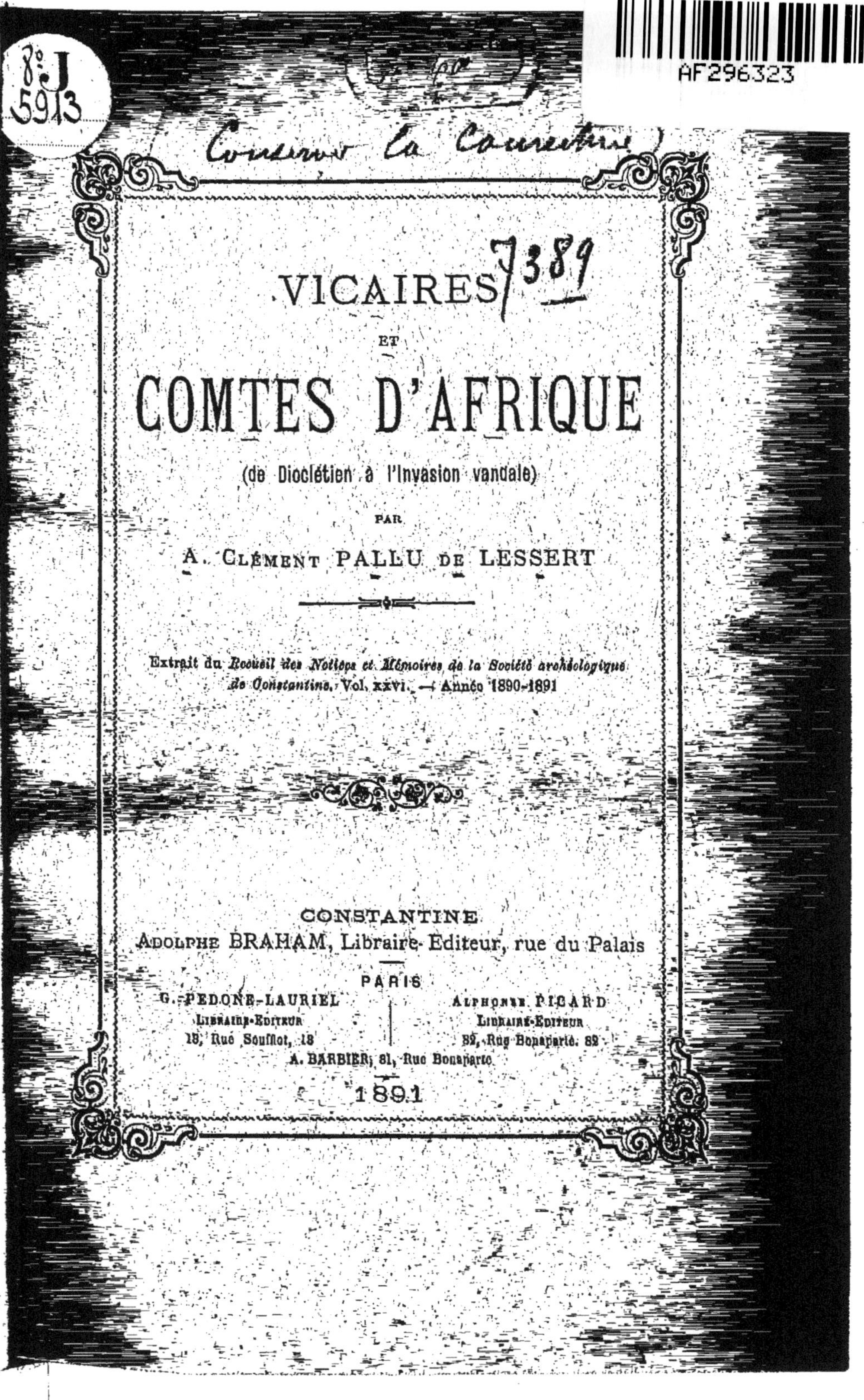

VICAIRES

ET

COMTES D'AFRIQUE

(de Dioclétien à l'Invasion vandale)

PAR

A. CLÉMENT PALLU DE LESSERT

Extrait du *Recueil des Notices et Mémoires de la Société archéologique de Constantine*, Vol. XXVI. — Année 1890-1891

CONSTANTINE

ADOLPHE BRAHAM, Libraire-Editeur, rue du Palais

PARIS

G. PEDONE-LAURIEL
LIBRAIRE-EDITEUR
13, Rue Soufflot, 13

ALPHONSE PICARD
LIBRAIRE-EDITEUR
82, Rue Bonaparte, 82

A. BARBIER, 81, Rue Bonaparte

1891

VICAIRES

ET

COMTES D'AFRIQUE

(de Dioclétien à l'Invasion vandale)

PAR

A. CLÉMENT PALLU DE LESSERT

Extrait du *Recueil des Notices et Mémoires de la Société archéologique
de Constantine*. Vol. XXVI. — Année 1890-1891

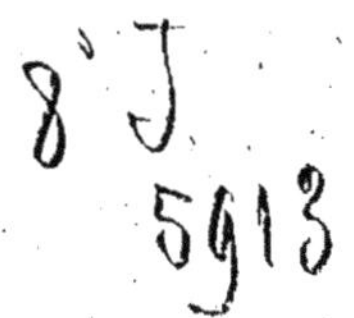

CONSTANTINE

Adolphe BRAHAM, Libraire-Editeur, rue du Palais

PARIS

G. PEDONE-LAURIEL	ALPHONSE PICARD
Libraire-Editeur	Libraire-Editeur
13, Rue Soufflot, 13	82, Rue Bonaparte. 82

A. BARBIER, 31, Rue Bonaparte

1891

VICAIRES ET COMTES D'AFRIQUE

(DE DIOCLÉTIEN A L'INVASION VANDALE)

INTRODUCTION

Dans le haut empire romain, les gouverneurs des provinces relèvent directement, soit du sénat, soit de l'empereur, suivant que la province est impériale ou sénatoriale. De plus, l'autorité civile n'est pas séparée de l'autorité militaire : le *praeses* exerce l'une et l'autre.

Au milieu du quatrième siècle, sur la fin du règne de Constantin, un ordre de choses nouveau a remplacé l'ancien. — L'autorité civile est répartie, sauf deux exceptions pour l'Asie et l'Afrique proconsulaire qui relèvent directement de l'empereur, entre quatre préfets du prétoire ; chaque préfecture est divisée en diocèses ayant à leur tête un vicaire ; le diocèse, à son tour, se subdivise en provinces. — Quant au pouvoir militaire, il est confié à deux *magistri militum* [1], l'un commandant l'infanterie (*magister peditum*), l'autre préposé à la cavalerie (*magister equitum*), qui sont représentés dans les provinces, suivant l'importance de celles-ci, tantôt par des comtes, tantôt par des

---

[1] On compte plus tard jusqu'à huit *magistri militum*. Mais je n'ai pas à entrer ici dans ce détail. Je ne retiens que le principe.

ducs. En Afrique, nous relevons dans la *Notitia dignitatum* le *comes Africae* et le *comes Tingitaniae*, ainsi que deux ducs : celui de la Maurétanie Césarienne[1] et celui de la Tripolitaine.

Cette organisation n'est pas sortie tout d'une pièce de la pensée du législateur. C'est une des conclusions que nous tirerons de l'étude à laquelle nous allons nous livrer et où nous nous occuperons successivement des vicaires, puis des comtes militaires. Nous y constaterons la plus grande ancienneté des premiers. Je traiterai ensuite des titres, du rang, des attributions et particulièrement de la juridiction des uns et des autres. Je terminerai par une revue du personnel de leurs auxiliaires *(officium)* en insistant surtout sur les points moins connus. Cette observation justifiera certaines disproportions dans les développements.

---

(1) Il est à remarquer que le gouverneur de la Maurétanie Césarienne est à la fois *praeses* et *dux*, c'est-à-dire qu'il réunit dans sa main les deux autorités civile et militaire. Quelques autres provinces sont dans le même cas.

I. — LES VICAIRES D'AFRIQUE

Le plus ancien des vicaires du préfet ou plus exactement, comme nous le verrons, des préfets du prétoire que mentionne le Code théodosien appartient précisément à l'Afrique (l. 1, *ad legem Fabiam*, C. Th., IX, 18). Ce texte, adressé à Domitius Celsus, est de 315. Mais en remontant plus haut, on se convainc que l'institution existait déjà depuis longtemps [1]. Sous Dioclétien, on trouve C. Caelius Saturninus qui fut *vicarius praefectorum (duorum) bis in urbe Roma et per Mysias* (C. I. L., VI, 1704) [2]. Du temps de Maxence, Aurelius Victor cite le tyran Alexandre : L. Domitius Alexander, *apud Poenos pro praefecto gerens* (ch. 40). On pourrait aussi s'appuyer sur la suscription de la loi 2 *de pedaneis judicibus* de 294 (Cod. Just., III, 3), qui porte : *imperatores Diocletianus et Maximianus Augusti et Caesares vicariis* ; mais cette lecture est douteuse. — En revanche, Lactance attribue clairement à Dioclétien la création des vicaires dans ce passage qui résume brièvement les réformes administratives de ce prince : ... *provinciae in frusta concisae, multi praesides et plura officia singulis regionibus ac paene jam civitatibus incubare, item rationales multi et magistri et virarii praefectorum quibus...*, etc. (*De mortibus persecutorum*, VII). Enfin, la liste de Vérone, dont la date se trouve entre 292 et 297, énumère les diocèses.

On paraît, du reste, aujourd'hui d'accord sur l'origine de cette institution. — Cf. Duruy, *Hist. des Romains*, VI, p. 565 ; — Mommsen, *loc. cit.* ; Desjardins, *Géographie de la Gaule*, III,

---

(1) On rencontre, il est vrai, dans le haut empire, quelques fonctionnaires agissant *vice praefectorum praetorio* ; mais ils n'ont rien de commun avec nos vicaires, qui sont nés de la création des diocèses. Cf. Mommsen, *Handbuch der Rom. Alterthum*, II, pages 934 et 1060, — édition de 1884.

(2) M. Mommsen a fait de cette inscription un commentaire remarquable que nous aurons fréquemment l'occasion de citer (*Nuove Memorie del Instituto di Correspondanza archeologica*, II, 1865, pages 298 à 332).

p. 468 et suiv. ; — Bethmann Hollweg : *Der civil process*, III,
p. 14.

Les titres portés par le vicaire d'Afrique sont très variés. *Vicarius Africae* ou plus simplement *vicarius* est la forme la plus
usitée par les historiens et par le Code théodosien. C'est aussi
celle qu'on trouve dans l'inscription de Nicomachus Flavianus
qui est reproduite plus loin.

Il n'est pas sans intérêt de grouper les autres dénomina-
tions (1) dans l'ordre chronologique. On en retirera peut-être
cette conviction que certaines variantes ont leur raison d'être et
répondent à des modifications de l'institution.

Constantin, dans sa lettre à Petronius Probianus, en 315, appelle
Verus *vicarius praefectorum*. A peu près à la même époque, dans
la *Purgatio Felicis Aptungitani*, Aelius Paulinus (le même peut-
être que Verus) est dit : *administrans vices praefectorum*. On
lit aussi *vicarius praefectorum* dans la loi 6 *de diversis officiis*
(C. Th , VIII, 7), de 354 ; *vice praefectorum cognoscens*, loi 16
de appellationibus (C. Th., XI, 30), de 331.

Sous les successeurs de Constantin, le vicaire se rattache à
un préfet du prétoire déterminé : *Agens vices praefecti praetorio (Italiae)*, l. 2 *de paganis* (C. Th., XVI, 10), de 341 (2). — *Pro
praefecto*, l. 15 même titre, 399. — Cependant, sous Julien, une
inscription appelle encore Claudius Avitianus : *comes primi ordinis agens pro praefectis*.

Agens vicariam praefecturam est une formule moins précise
qui convient à toutes les époques : en 320, l. 3 *de famosis libellis* (C Th., IX, 34) ; — en 330, l. 3 *de sponsalibus*, (C. Th.,
III, 5) ; — en 354, l. 6 *de cursu publico* (C. Th., VIII, 5). L'inscription, C. I. L., VIII, 7014, qualifie Dracontius, en 364, de

---

(1) Rappelons, à titre de curiosité, que le vicaire d'Orient s'appelait *comes Orientis*, celui d'Égypte *praefectus Augustalis*.

(2) La même formule se trouve déjà, il est vrai, dans une loi de 325 :
l. 1 *de usuris* (C. Th., II, 33) ; mais il ne serait pas impossible que
cette rubrique ait subi quelque retouche.

vices agens per Africanas provincias. Il en est de même de
vicarius praefecturae, l. 4 *de advocato fisci* (x, 15), en 367.

Au cinquième siècle, enfin, deux variantes méritent d'être signalées : *vicarius illustrissimae praefecturae per dioeceses,* l. 1
Ne quis in palatiis (C. Th., vii, 10), de 405 ; — *vicarius sedis
excelsae,* l. uniq. *de comitibus qui illustribus agentibus asside-
runt* (C. Th., vi, 15), de 413.

Dans la hiérarchie nobiliaire, les vicaires ont aussi occupé
des rangs divers. A l'origine, cette fonction ne confère que le titre
de *vir perfectissimus.* C'est la qualification que Constantin donne
à Verus, en 315, dans sa lettre à Petronius Probianus ; c'est aussi
celle attribuée à C. Attius Alcimus Felicianus, qui appartient à
la même époque, à Caecilianus, qui exerça la même charge
(Orelli, 3764)[1], à C. Caelius Saturninus (C. I. L., vi, 1704), à
Q. Aeclanius Hermias (C. I. L., ii, 2203)[2].

Plus tard, le vicaire a rang de *clarissimus :* en 344, sous
Constance (l. 2 *de concussionibus,* viii, 10) ; en 358 (l. 5 *de
vectigalibus,* iv, 12) ; en 364 (C. I. L., viii, 7014). Dans les
derniers temps, enfin, il est dit *spectabilis* (l. 14, *de officio vicarii,* i, 15, de 395 ; — l. 17, au même titre, de 401 ; — l. 61
de appellationibus, xi, 30, de 400, etc.). C'est avec cette qualité
qu'il est désigné dans la *Notitia dignitatum.* M. Humbert (*Dict.
des antiq. grecq. et rom.,* v° *cursus publicus,* 1663) en fait un
illustris. Je crois que c'est une erreur [3].

---

(1) Cf. sur ce personnage, de Vit, *Onomasticon,* i, p. 12 et 13.

(2) Il est remarquable que, depuis 320 peut-être, et certainement à
partir de 330, le gouverneur de Numidie, subordonné du vicaire, est
un *clarissimus.* Cf. dans mes *Fastes de la Numidie sous la domination romaine,* les notices consacrées à Domitius Zenophilus, M.
Aurelius Valerius Valentinus et leurs successeurs. Ne peut-on conclure de là que tous les vicaires nommés dans le texte sont antérieurs
à 320 et que le rang de *clarissimus* fut, à partir de cette date, attribué régulièrement à ces fonctionnaires ? — M. Lécrivain (*Le Sénat
Romain,* p. 47) a peut-être été trop affirmatif quand il dit que, sous
Constantin, les vicaires n'ont eu que le *perfectissimat.*

(3) Les *gesta purgationis Felicis Aptungitani* donnent en 312 la
qualification de *spectabilis.* C'est, à mon avis, un argument pour
soutenir que ce texte est sinon apocryphe, du moins interpolé. Je re-
viendrai plus loin sur cette question.

La gradation est ainsi bien marquée. C'est donc à tort que l'œcking, frappé du titre de *clarissimus*, a dit que ce mot était pris dans un sens large pour *spectabilis*. Quoiqu'il cite d'autres exemples qui établissent que parfois il embrasse les trois degrés de noblesse (*clarissimus, spectabilis, illustris*), je pense que cette expression est usitée ici avec son sens strict.

Les formules de chancellerie offrent aussi des variantes curieuses; elles ne paraissent cependant pas présenter le même intérêt. Quand l'empereur écrit à son vicaire, il emploie les expressions *tua sublimitas*, en 348 (l. 2 *de officio vicarii*); *probabilis sinceritas tua*, en 364 (l. 9 *de exactionibus*, XI, 7); *sollertia tua, sinceritas tua*, en 366 (l. 13 *de annona et tributis*, XI, 1); *sinceritas tua* (l. 6 *de officio vicarii*, I, 15), en 372; (l. 3 *de actoribus et procuratoribus*, C. Th., X, 4), en 370 ou 373 (1); *laudabilis sinceritas tua*, en 380 (l. 17, *de pistoribus*, C. Th., XIV, 3).

Les *domestici* et les *protectores* ont le *jus vicarios osculandi*, c'est-à-dire le droit de donner le baiser au vicaire quand ils le saluent (l. 4 *de domesticis*, VI, 24).

Carthage était probablement la résidence du vicaire. La plupart des constitutions impériales qui lui sont adressées sont reçues par lui dans cette ville. Quatre seulement portent l'indication d'un autre lieu. Pour l'une, c'est Thimgad (Numidie) : l. 2 *de honor. codicillis* (C. Th., VI, 22), adressée à Aconius Catulinus. Dans une seconde, adressée à Dracontius, c'est Constantine (Numidie) : l. 9 *de susceptoribus* (XII, 6). Dans une troisième, il s'agit de Tacape (Tripolitaine) : l. 33 *de appellationibus* (XI, 30), envoyée au même Dracontius. La quatrième, enfin, nous transporte à Hadrumète (Byzacène) : l. 3 *de fide et jure hastae* (X, 17), adressée à Magnillus.

La loi *10 de officio vicarii* (I, 15) ne doit pas être comprise comme une interdiction de séjour de la Proconsulaire faite au

---

(1) C'est à tort, nous le verrons, qu'Haenel indique dubitativement, il est vrai, la date de 365. — Cf. Notice de Crescens.

vicaire : *Vicario Africae aditus provinciae proconsularis inhibendus est ; tantum ei consilii gratia in Thebestina civitate accessus pateat* C'est une défense ou plutôt un rappel de la défense d'empiéter sur le domaine du proconsul.

Placés, comme nous l'avons déjà remarqué, sous la dépendance immédiate des préfets du prétoire et plus tard du préfet du prétoire d'Italie, les vicaires sont nommés directement par l'empereur. Une loi nous rappelle qu'ils ne pouvaient exercer deux fois cette fonction, l. 4, *ad legem Juliam de ambitu* (ix, 26).

Les anciens vicaires pouvaient être appelés immédiatement à la préture, ou aussi obtenir l'honorariat avec rang de préfet du prétoire [1]; — l. 13 et 15 *de praetoribus* (C. Th., vi, 4). Nous en voyons qui deviennent proconsuls d'Afrique ; d'autres, après avoir passé par un ou deux degrés intermédiaires, sont nommés préfets du prétoire. — Un, peut-être, Gaudentius, a été comte d'Afrique après avoir été vicaire ; mais nous examinerons plus loin s'il ne s'agit pas de deux personnages portant le même nom. — Nous traiterons plus loin, à propos des comtes, la question de préséance entre ces deux fonctionnaires. — Le *cursus honorum* de C. Attius Alcimus Felicianus nous fournit, enfin, sur l'avancement administratif conduisant au vicariat, des renseignements intéressants. — C. I. L., viii, 822. — Il en sera aussi question plus loin.

Les attributions des vicaires méritent surtout d'arrêter notre attention.

Elles ont dû varier suivant les époques. L'autorité militaire n'ayant été, suivant toute apparence, enlevée définitivement aux préfets du prétoire que sous Constantin, il est vraisemblable que jusqu'à cette réforme les vicaires ont été investis des deux pouvoirs. La création des commandements militaires (les comtes

---

(1) Cf. Lécrivain : *Le Sénat Romain*, p. 59. Le même auteur remarque, en comparant plusieurs *cursus honorum* (p. 49), qu'on ne mentionne pas toujours la préture.

d'Afrique, dans notre cas), qui n'eut lieu que vers 320, justifie cette hypothèse. Cela explique aussi la facilité avec laquelle Alexandre usurpa le pouvoir impérial.

Sous le bénéfice de cette observation, nous ne nous occuperons cependant que des attributions civiles.

Le vicaire a sous ses ordres, d'après la Notice des dignités, les *consulares* de Byzacène et de Numidie, les *praesides* de la Tripolitaine, de la Maurétanie Sitifienne et de la Maurétanie Césarienne. On sait que la Tingitane, dans l'organisation nouvelle, est rattachée à l'Espagne. Quant à l'Afrique Proconsulaire, elle relève, comme je l'ai déjà dit, directement de l'empereur. Le vicaire n'a rien à y voir, en dehors de la perception de certains impôts, dont ses agents sont chargés. C'est ce que dit la loi 10 *officio vicarii*, à laquelle j'ai fait allusion plus haut. Ce texte ne fait d'exception que pour Theveste, où il l'autorise à siéger, mais seulement *consilii causa* [1].

La réciproque est-elle vraie ? Le vicaire est-il absolument indépendant du proconsul ? En principe, oui. Cependant, nous verrons que, pour la juridiction, celui-ci fut, quelquefois tout au moins, d'aucuns disent d'une manière permanente, chargé de connaître, aux lieu et place de l'empereur, des appels suprêmes du diocèse. Il semble bien qu'en ce qui concerne le *cursus publicus*, il eut une vraie suprématie. Ainsi, la loi 7 *de cursu publico* (C. Th., VIII, 5) le charge de transmettre un ordre aux gouverneurs : *ideoque, praelata jussione nostra, provinciarum rectores excellentia tua commoneat.* La loi 15, au même titre, est encore plus formelle.

La subordination des simples gouverneurs au vicaire se trouve encore affirmée plus ou moins explicitement dans maintes constitutions. On consultera d'abord les lois 3 et 4 *de officio vicarii* (C. Th., I, 15). Constance écrit dans l'une d'elles à Mamertin, préfet du prétoire : *rectores provinciarum sublimitas tua conve-*

---

(1) Theveste qui appartenait à la Numidie sous le haut empire est rattachée, depuis Dioclétien, à la Proconsulaire. — Cf. Tissot, *Géog. comparée de la province romaine d'Afrique*, II, p. 44.

niat, ut cunctis de rebus, quibus ad nos et ad vestram scien-
tiam crediderint referendum, vicarios esse participandos
sciant. Dans l'autre, qui est de l'année suivante et qui est adressée à Ceionius Italicus (Ilicus), consulaire de Numidie, l'empereur renouvelle cette prescription : *id prius ad vicarium refe-*
retur... ut suggestiones vel relationes per prosecutores ad
comitatum meum suscipiat, et quod faciendum viderit ex-
pleat — Cette transmission doit être faite sans retard (l. 2 au
même titre).

Des textes appellent spécialement l'attention du vicaire sur la
protection de ceux qui sont opprimés par les gouverneurs (l.
uniq., *si quacunque praeditus potestate nuptias petat invitae*, III,
11), — sur l'arrestation des déserteurs, qui devront être retenus
jusqu'à ce qu'il en ait été référé au prince (l. 16 *de re militari*,
VII, 1), — sur la surveillance des palais impériaux, qu'il doit
protéger tant contre les dégradations que contre les usurpations
(l. 1 *ne quis in palatiis maneat*, VII, 10). Il doit aussi veiller au
bon état des routes (l. 2 *de itinere muniendo*, XV, 3). — Du
reste, ces prescriptions visent simultanément le vicaire et les
gouverneurs placés sous ses ordres.

Le vicaire est aussi investi d'une part de la juridiction. Il statue tantôt en premier ressort, tantôt en appel.

En premier ressort, sa compétence est limitée à un nombre
de cas assez restreints La loi 1 *de officio vicarii* faisant allusion à quelques-uns de ces cas, justifie cette restriction par le
désir d'éviter à ce magistrat une trop grande surcharge d'affaires. — Quel qu'en soit le motif, la prohibition n'en est pas moins
formelle. Quand Symmaque (*Epist.*, I, 69) prie Celsus Titianus
de juger lui-même un procès qui intéresse un de ses amis, il y
met une réserve : *si a legibus non discrepat.*

Les cas qui relèvent directement du vicaire sont : 1° le déni
de justice par le juge ordinaire de première instance (l. 6 *de ju-*
risdictione, C. Th., II, 1 ; — l. 7 *de officio rector. provinc.*, I,
16 ; — Novelle de Marcien, I, § 3) ; — 2° la suspicion du juge
ordinaire (Ammien-Marcellin, XXVII, 7) ; — 3° la puissance d'un

des plaideurs quand elle paraît de nature à influencer le juge
(l. 1 *de officio vicarii*) ; — 4° l'importance et la difficulté de
l'affaire (même loi et Novelle de Marcien, 1, § 2). — Enfin, le
vicaire peut être saisi en première instance en vertu d'une délégation spéciale soit du prince, soit du préfet du prétoire.

Comme juge d'appel, il connaît de toutes les décisions des
gouverneurs. C'est la règle générale, car il n'y a pas à Rome
comme chez nous de taux d'appel : les jugements des magistrats
inférieurs sont toujours rendus en premier ressort ; dans quelques cas exceptionnels, qu'il serait trop long d'examiner ici, le
recours n'est pas possible, mais l'impossibilité tient toujours à
des causes autres que la modicité de l'intérêt.

Le vicaire jouit en ces matières d'une compétence propre ; il
n'est pas un délégué du préfet du prétoire : *Tu autem vicarius
dixeris et tua privilegia non relinquis, quando propria est
jurisdictio quae a principe datur. Habes enim cum praefectis aliquam portionem* (Cassiodore, vi, 15). C'est donc du prince
lui-même que le vicaire tient le pouvoir de juger et c'est ce que
confirment plusieurs textes. Dans la loi 7 *de officio vicarii*, les
empereurs Valens, Gratien et Valentinien écrivent, en 377 : *Sacrae cognitionis habeat potestatem et jurisdictionis nostrae
soleat repraesentare reverentiam*. Et Cassiodore (vi, 15) : *Vice
sacra sententiam dicis*.

Est-ce à dire qu'il n'y ait aucune différence entre la sentence
rendue par le vicaire et celle du préfet du prétoire ? Gardons-
nous bien de le croire. La loi 16 *de appellationibus*, xi, 30, nous
en prévient : *a proconsulibus et comitibus et his qui vice praefectorum cognoscunt, sive ex appellatione, sive ex delegato,
sive ex ordine judicaverint, provocari permittimus*. Et plus loin,
le même texte ajoute : *praefecti praetorio qui* SOLI *vice sacra
cognoscere* VERE *dicendi sunt provocari non sinimus*. En conséquence, tandis que l'on ne peut, après la décision du préfet du
prétoire, qu'adresser une *supplicatio* à l'empereur, il est toujours loisible d'appeler devant lui du jugement rendu par les magistrats sus-nommés. Mais, qu'on le remarque bien, l'affaire va di-

rectement au prince et ne passe pas devant le préfet. — Voilà
ce que, pour le vicaire, les constitutions impériales entendent
par les mots juger *vice sacra*.

Du reste, les empereurs pouvaient déléguer leur pouvoir de
juge suprême et ils le firent de plus en plus. Ils n'eussent pu
suffire à la tâche s'ils avaient dû connaître par eux-mêmes de
tous les appels. Les exemples de ces délégations sont assez
nombreux. En ce qui concerne l'Afrique, il y aurait eu une délégation de cette nature, ayant un caractère permanent, au profit du proconsul. M. Mommsen qui soutient cette opinion (*de C.
Caelii Saturnini titulo*, p. 312) reconnaît qu'il n'en existe aucune preuve bien nette [1]; on peut seulement, dit-il, tirer des
inductions des lois 3, 21, 62 *de appellationibus*, xi, 30, et d'une
Novelle de Valentinien III, 18, § 12. — Sans nier absolument
que le proconsul ait été à certaines heures investi de cette mission, je dois dire qu'il m'est difficile de croire à la permanence
de celle-ci. Je suis fort porté à penser que la délégation impériale fut donnée parfois aussi au vicaire lui-même. Je ne puis expliquer autrement les inscriptions qui ajoutent au *cursus honorum* de tel ou tel vicaire la mention spéciale *vice sacra judicans*.

Une dernière particularité à noter, c'est que, quand le préfet
du prétoire est présent, on peut s'adresser soit à lui, soit au vicaire : *conquerendi vocem omnibus aperimus apud comites cunc-
tos provinciarum aut apud praefectum praetorio, si magis
fuerit in vicino*. L. 7 *de officio rector. provinc*, i, 16, et Novelle
de Marcien, i, § 2. — Par ce côté, le vicaire est vis-à-vis du
préfet dans la situation d'un délégué. Mais la compétence du
délégant n'est pas exclusive de celle du vicaire : le plaideur a le

---

[1] Bethmann Hollweg soutenant d'une façon absolue la compétence suprême du proconsul en s'appuyant sur l'inscription d'Orelli
n° 3672 (C. I. L., vi, 1690), M. Mommsen répond : *Non hoc dicit
proconsulem Africae vice sacra judicasse per dioecesim Africanam, sed proconsulem Africae vice sacra judicantem eodem tempore jussu principis extraordinem vices fecisse praefectorum praetorio per dioecesim Africanam.* Voir plus loin la notice de L. Aradius
Valerius Populonius.

choix, ce qui est l'application du principe énoncé plus haut d'après Cassiodore.

On a longtemps enseigné que le préfet de l'annone d'Afrique dépendait du vicaire. Bœcking a démontré que c'était une erreur (*Notitia dignitatum*, ii, p. 150). Le chapitre ii de la Notice le place formellement sous les ordres du préfet du prétoire d'Italie, et de nombreux textes confirment ce témoignage [1]. Mais le vicaire avait, en matière d'annone, certaines attributions propres, et c'est ce qui a causé la confusion. On sait, en effet, que les impôts en nature étaient perçus par des agents spéciaux appelés *susceptores*, puis les *praepositi pagorum* les déposaient dans des magasins où ils étaient gardés par les *praepositi horreorum*. Tous ces fonctionnaires étaient sous la surveillance des gouverneurs des provinces qui, à leur tour, se trouvaient, comme nous l'avons vu, subordonnés aux vicaires. Des produits de l'impôt une part était remise aux chefs militaires pour les officiers et les troupes : c'était l'*annona militaris* à laquelle, du reste, certains fonctionnaires civils avaient également droit. L'autre part, l'*annona civica*, était livrée au préfet de l'annone d'Afrique qui la centralisait et la faisait transporter à Rome.

Le vicaire nous apparaît ainsi avec un double rôle : comme collecteur supérieur de l'impôt africain et comme dépositaire vis-à-vis de l'administration de l'annone. On ne s'étonnera donc, pas de voir les empereurs lui demander un état annuel des reliquats dus, par exemple, par les *possessores* africains qui résident à Rome, ou lui annoncer l'arrivée des *tabularii*, envoyés par le préfet de l'annone d'Afrique et le préfet de l'annone de la ville de Rome, pour comparer, d'après ses livres, les quantités remises par lui et celles réellement transportées (*quid transmissum, quid pervectum*). Ces deux dispositions font l'objet de la loi 13 *de annona et tributis*, xi, 1. — On ne s'étonnera pas

---

(1) De même, le préfet de l'annone de la ville de Rome est subordonné au préfet de la ville. — *Not. dignit.*, ch. iv.

non plus de voir des textes régler minutieusement les formes à observer pour la délivrance de l'*annóna militaris* par le vicaire au *comes Africae :* celui-ci devra fournir une demande écrite où il indiquera les quantités qu'il désire, leur destination, et il faudra que le vicaire autorise la délivrance (l. 3 *de erogatione militum*, VII, 4)

Le vicaire n'a également aucune autorité sur le *praefectus fundorum patrimonialium* [1] que la Notice place, comme lui, immédiatement sous les ordres du préfet du prétoire d'Italie.

Certaines attributions du vicaire d'Afrique touchaient à l'administration des postes impériales (*cursus publicus*). Mais il y a là un point d'autant plus obscur que les pouvoirs et les obligations de cet office ont varié avec les époques [2]. Force est donc de nous en tenir à quelques observations générales.

On sait que l'usage du *cursus* fut de tous temps réservé aux services publics, que les particuliers ne pouvaient jamais en user et que les fonctionnaires eux-mêmes, pour s'en servir, devaient être munis d'un permis spécial (*diploma, evectio*). Tant que les postes furent sous la haute surveillance du préfet du prétoire, le vicaire eut le droit et le devoir d'envoyer des agents pour contrôler le service et constater les contraventions. Mais sous le règne de Constance, à partir de 357, la haute police du service commença à passer au *magister officiorum*, qui seul put envoyer des inspecteurs.

A un autre point de vue, sous Dioclétien, le droit de délivrer des permis appartient aux vicaires comme à un grand nombre

---

(1) Boecking (*Not. dignit.*, II, p. 152) fait observer avec raison qu'il ne faut pas confondre cette fonction avec celle du *comes titulorum largitionalium*, ni avec celle du *comes gildonici patrimonii*, subordonné au *comes rerum privatarum*.

(2) Cf. *D'ct. des antiq. grecques et romaines*, II, p. 1652 et suiv., vᵉ *cursus publicus*. L'auteur de cet article, M. Humbert, fait même observer que certaines provinces avaient, à cet égard, des statuts particuliers. L'Afrique paraît être du nombre : il est certain que la loi 15 *de cursu publico* (VIII, 5) fait allusion à un règlement du proconsul. Il paraît bien en résulter que celui-ci eut, à partir d'une certaine époque, la haute direction des postes de toute l'Afrique.

de magistrals supérieurs. Julien leur retire ce privilège, qu'il réserve au préfet du prétoire et au *magister officiorum* (l. 12 *de cursu publico*; C. Th., VIII, 5. — Voir aussi la loi 61 au même titre). Enfin, ce dernier, à partir de 395, contresigne même les diplômes délivrés au préfet du prétoire. Cependant, la règle comporte, par la force même des choses, des atténuations que justifient les nécessités du service, et l'on donne à ces magistrats un certain nombre d'autorisations en blanc qui, pour les vicaires, paraît limité à dix ou douze. (Cf. Bœcking, *Not. dignit.*, I, p. 14). Il semble, enfin, que pour le transport des *species largitionales*, les vicaires et les gouverneurs aient eu la faculté de délivrer des permis en dehors des précédentes restrictions (l. 18 et 20 de *cursu publico*).

Des constitutions accordent l'*evectio* au vicaire qui se rend dans son diocèse (l. 38 au même titre). Ce texte limite le droit du vicaire d'Asie à 30 ânes et 10 chevaux (*veredi*). La loi 44, *in fine*, ajoute qu'un privilège analogue pourra être accordé au fonctionnaire qui rentre dans ses foyers; mais il faudra soumettre le cas à l'empereur. Enfin, la même faculté semble exister pour tout magistrat appelé à la cour (l. 22 au même titre).

Autour du vicaire, comme, du reste, autour de tous les grands fonctionnaires, se meut un personnel nombreux. C'est l'*officium*, que les textes mentionnent fréquemment. La *Notitia dignitatum* nous en indique sommairement la composition. Mais nous sommes loin d'avoir des notions précises sur les attributions spéciales de chacun de ses membres. Celles-ci ont dû varier fréquemment. C'est un inconvénient qui est de tous les temps : ceux qui suivent de nos jours les remaniements dans l'organisation des bureaux qu'amène, chez nous, le moindre changement de ministère, ne s'étonneront pas des résultats contradictoires auxquels le chercheur aboutit souvent et du danger qu'il y a à vouloir donner des définitions trop absolues. Sans entrer dans l'examen minutieux d'une question qui exigerait plusieurs dissertations, je tracerai quelques grandes lignes. Ceux qui vou-

dront approfondir prendront pour point de départ Bethmann
Hollweg, *der civil process des gemeinen Rechts*, III, § 142, avec
les textes du Code Théodosien auxquels je renvoie çà et là et
leur commentaire par Godefroi. On consultera aussi avec fruit,
bien qu'il en traite d'une façon incidente, *le Sénat Romain depuis Dioclétien*, de M. Ch. Lécrivain, p. 24 et suiv.

L'*officium* du vicaire d'Afrique comprend, d'après la Notice
des dignités :

1° Un *princeps ex schola agentium in rebus, ducenarius* (Cf.
C. Th., *de principibus agentium in rebus*, VI, 28. — L. 7 *de
offic. rectoris provinciae*, I, 16. — Nov. de Valentinien, 27, § 1).
— Le *princeps* est le chef de l'*officium*. Il a la haute main sur
tous les services. Rien ne se fait, dit Bethmann Hollweg, sans
son assentiment et sans son intervention. Les parties n'ont l'ac-
cès du tribunal, les requêtes des avocats ne sont reçues, aucune
ordonnance judiciaire, aucune citation n'est expédiée, aucune
exécution, aucune affaire quelconque n'est confiée à un membre quelconque de l'*officium* sans qu'il le sache et sans qu'il
l'approuve. Tout le personnel est sous sa surveillance ; nul ne
peut en faire partie ou n'en est renvoyé sans sa volonté. Le
princeps de l'*officium* du vicaire doit sortir de la *schola* des
agentes in rebus [1] et est choisi parmi ceux qui ont rang de
ducenarii [2]. On veut que l'auxiliaire soit en même temps un
surveillant pour ce magistrat.

2° Un *cornicularius*. Cf. C. Th., *de cohortalibus, principibus, cornicularis et primipilaribus*, VIII, 4, et notamment le
commentaire de Godefroi sur la loi 10. — Daremberg et Saglio,

---

(1) C'est, on le sait, un collège placé sous les ordres du préfet du
prétoire et, plus tard, du *magister officiorum*; — cf. C. Th., VI, tit.
27, 28, 29. — Ses membres étaient employés surtout aux missions
touchant la haute police de l'État. On prenait parmi eux, dit M. Humbert, les inspecteurs des services des postes. Ils étaient chargés en
même temps de recueillir les bruits qui circulaient dans les stations ;
souvent on les employait comme courriers du palais pour transmettre les ordres de l'empereur et pour lui rapporter les actes publics et
les dépêches des magistrats. — *Dictionnaire des antiquités grecques
et romaines*, v° *agentes in rebus*. — Voir aussi Lécrivain, p. 30.

(2) Ce qui implique le rang de *perfectissime*. — Voir Lécrivain,
p. 30, 31.

Dict. des antiq. grecques et romaines, v° *Cornicularius*. — Ce nom, comme le précédent et comme plusieurs de ceux qui suivent, est emprunté à l'ancienne organisation militaire, où le *cornicularius* était un sous-officier exerçant auprès du légat les fonctions de greffier, notamment dans les jugements concernant la justice militaire. Ici encore, il apparaît comme le chef du *corniculum* ou greffe du vicaire. Il ne paraît, dit Bethmann Hollweg, avoir dans ses attributions aucune branche particulière de l'administration, mais il a la surveillance de toutes les affaires, il confirme les ordonnances du magistrat et signe toutes les décisions judiciaires. Un écrivain grec du sixième siècle, Joannes Lydus, le dépeint comme étant, en fait, le véritable chef de l'*officium* (*De magistratibus*, livre III).

3° Deux *numerarii* C. Th., *de numerariis, actuariis, scrinariis et exceptoribus*, VIII, 1. — Humbert, *Essai sur les finances*, II, p. 122. — Créés spécialement pour le service des impôts, les *numerarii* sont, auprès du vicaire, chargés de la comptabilité générale du diocèse.

4° Un *commentariensis* : *ad commentariensem receptarum personnarum custodia observatioque pertinet*, (l. 5 *de custodia reorum*, IX, 3). Mais ses attributions ne se bornent pas à la garde et à la surveillance des personnes arrêtées. Il est l'auxiliaire du magistrat dans l'exercice de la justice répressive. C'est par son ministère qu'est faite l'*inscriptio*, ce premier acte de l'instance criminelle ; il procède aux arrestations ; les accusés sont interrogés et mis à la torture sur son ordre ; l'exécution de la sentence lui est confiée [1].

5° Un *ab actis*. Bethmann Hollweg paraît avoir démontré péremptoirement, contrairement aux anciens interprètes, qu'il est, pour la juridiction civile, ce que le *commentariensis* est pour la juridiction criminelle, c'est-à-dire l'auxiliaire du ma-

---

[1] Cf. Le Blant. *Les actes des martyrs*, pages 11, 14, 27, 50, 57, 105. Ce travail est extrait des *Mémoires de l'Académie des Inscriptions et Belles-Lettres*, tome XXX.

gistrat. On ne le rencontre, en effet, dans la Notice des dignités qu'à côté des *judices civiles*.

6° *Cura epistolarum*. Expression visant le fonctionnaire chargé spécialement de la rédaction des lettres et instructions d'un magistrat.

7° Un *adjutor* ; 8° un *subadjuva*. Ces noms signifient littéralement suppléant ou auxiliaire et vice-suppléant. En fait, ils ont souvent ce sens et les textes nous parlent de l'*adjutor* du *princeps*, de celui du *cornicularius* ou du *commentariensis*. Mais, pris avec leur signification absolue, ils désignent des fonctions pour la détermination desquelles Godefroi, dans son commentaire sur la loi 10 *de cohortalibus*, a vainement fait une dépense étonnante d'érudition. Mieux inspiré, Bethmann Hollweg a rassemblé divers textes, empruntés notamment à Joannes Lydus (*De magistratibus*), desquels il paraît résulter que l'*adjutor* et le *subadjuva* sont des fonctionnaires chargés de désigner les agents qui exécuteront les décisions du magistrat, puis de surveiller cette exécution (l. 2 et 4, C. Th., *de exsecutoribus* VIII, 8). Le premier de ces textes, il est vrai, ne nomme pas l'*adjutor*, mais il mentionne le *primiscrinius* et Bethmann Hollweg établit la synonymie des deux expressions. Ne voulant pas discuter cette question, je me contente de dire que, sur ce dernier point, l'explication du savant jurisconsulte, si je l'ai bien comprise, me laisse quelques doutes. Que l'*adjutor* soit quelquefois désigné sous le titre de *primiscrinius*, cela me paraît indéniable. Mais je crois que cette dernière expression a un sens plus large et embrasse d'autres fonctions. Je crois, en d'autres termes, que si tous les *adjutores* sont des *primiscrinii*, tous les *primiscrinii* ne sont pas des *adjutores*. Ainsi, la Notice (ch. IV) identifie le *primiscrinius* avec le *numerarius* ; mais si les deux expressions sont identiques, on ne voit pas comment dans l'*officium* du *magister equitum* il se trouve un *adjutor* et un *primiscrinius* (ch. VI), comment dans celui du proconsul d'Afrique figurent un *adjutor*, un *subadjuva* et un *primiscrinius*.

Le lien étroit de subordination qui unissait le *subadjuva* à l'*adjutor* est affirmé par la Notice (chap. VIII), qui nous montre dans l'*officium* du maître des offices un *subadjuva adjutoris*.

9° Les *exceptores* sont les simples scribes ou notaires. On en trouve, sous le haut empire, auprès de tous les magistrats, même dans les municipes [1] — Au milieu du IV° siècle, les plus élevés des *exceptores* placés auprès des préfets du prétoire formaient, sous le nom d'*Augustales* [2], un collège de trente membres, dans lequel le *cornicularius*, le *primiscrinius*, le *commentariensis* et l'*ab actis* choisissaient leur *adjutor* (dans le sens large du mot). Ce dernier pouvait, à son tour, devenir titulaire de l'emploi. Celui qui, au lieu de suivre cette voie, reste dans le collège, peut être nommé *primicerius*. Tel est le nom donné au chef des *exceptores*. Johannes Lydus l'appelle cependant *primiscrinius*. — Il ne paraît pas qu'un collège analogue aux *Augustales* ait existé auprès du vicaire.

10° Les *singulares* ou *singularii* remplissent l'office de courriers du magistrat. On les appelle aussi parfois *cursores*, *mittendarii*, etc. Il va sans dire qu'ils ne doivent pas être confondus avec les *singulares* ou *equites singulares* que nous présente l'organisation militaire. — Cf. Mommsen et Marquardt, *Handbuch der Rom. Alterth.*, v. p. 489, note 1 (édition 1884).

On me pardonnera la longueur de ces explications qui m'ont paru indispensables, à cause de la sobriété des manuels sur ce point, pour l'intelligence de beaucoup de textes qui seront analysés dans le cours de ce travail. Je n'y ajouterai qu'une observation, c'est que le vicaire n'est pas libre d'augmenter indéfiniment le chiffre de son personnel qui ne peut excéder trois cents personnes. Tout ce monde est, en effet, une charge pour l'État. — L. 5 *de officio vicarii*. C. Th., I, 15.

---

(1) Ainsi, la loi 151 *de decurionibus*, XII, 1, exige, pour la validité des *acta publica*, la présence d'un magistrat, de trois *principales* et d'un *exceptor*. Voir aussi Le Blant : *Les actes des martyrs*, aux endroits cités plus haut, à propos du *commentariensis*.

(2) Ce sens du mot *Augustales* n'est pas indiqué dans le *Dictionnaire des antiq. grecq. et rom.* de Daremberg et Saglio.

Bœcking, remarquant que les constitutions adressées aux vicaires ne dépassent pas 409, en conclut que cette magistrature était supprimée à l'époque de l'invasion vandale. Cette affirmation est erronée, au moins en partie. Après 409, nous trouverons encore Martinianus, en 415. — Il serait donc téméraire de tirer une conclusion du silence des textes depuis 415 jusqu'à 428.

Après l'invasion vandale, je serais assez porté à croire qu'un poste de vicaire fut jugé inutile à la tête de la portion de ses possessions africaines que Rome conserva encore. Trois novelles de Valentinien concernent l'Afrique. Toutes trois sont adressées au préfet du prétoire :

Nov. XII, *de pecunia Afris tributa*, de 443, à Albinus ;

Nov. XVIII, *de tributis fiscalibus*, 445, au même ;

Nov. XXXIII, *de praediis pistoriis Afris deputandis*, 451, à Firminus.

Quand Justinien reconquit l'Afrique sur les Vandales et en reconstitua l'administration, il ne fut plus question des vicaires. Ce rouage n'avait plus la même utilité.

II. — LES COMTES D'AFRIQUE

La création des comtes d'Afrique, et vraisemblablement celle
de tous les grands commandements militaires, est postérieure
de près d'un demi-siècle à la division de l'empire en diocèses et
à l'apparition des vicaires. Ces derniers sont, nous l'avons vu,
la conséquence d'une première réforme administrative; on a ima-
giné les comtes, comme les *magistri militum*, quand on a enlevé aux préfets du prétoire leurs attributions militaires (1).

La date exacte de cette réforme nous échappe encore, mais
on peut la fixer approximativement entre les années 315 et 320.
Il s'opère alors, en Numidie, une transformation importante
qui ne peut être que la conséquence de celle-ci. (Cf. mes
Fastes de la Numidie sous la domination romaine). Après
315, on trouve encore un *praeses* portant le titre de *vir perfectissimus praeses provinciae Numidiae* ; mais, à partir de 320,
cette dénomination est remplacée par celle de *vir clarissimus
consularis provinciae Numidiae* et le gouverneur s'éloigne de
Lambèse pour fixer son siège à Constantine.

Le comte d'Afrique n'est, en réalité, qu'un *dux* auquel sa
fonction confère le titre honorifique de comte. Il n'a peut-être
même porté au début que la dénomination de *dux* (cf. Ursacius,

---

(1) Il ne faut pas confondre cette question avec celle de la création
des quatre préfectures du prétoire, que Zozime attribue à Constantin,
mais que les auteurs modernes considèrent généralement comme
une conséquence de l'organisation de la tétrarchie. — Cf. Tillemont,
Histoire des Empereurs, IV, p. 284. — Mommsen, *De C. Caelii Saturnini titulo*. — Naudet, *Des changements opérés dans l'administration de l'empire romain*, II, p. 284 et 348. — M. Humbert, *Essai
sur les finances romaines*, pages 319 et 325, me paraît avoir émis, à
cet égard, deux opinions contradictoires.

plus loin) (1). Mais comme ce mot a un sens assez étendu qui embrasse tous les commandements plus ou moins élevés, il resta peu à peu réservé à ceux d'ordre inférieur comme en Maurétanie, et, ailleurs, la qualification de comte prévalut.

Comes Africae sera donc l'expression que nous rencontrerons le plus fréquemment dans les textes et notamment dans le Code Théodosien. L'inscription de Flavius Victorianus (entre 375 et 378) nous donne une formule plus complète : *vir clarissimus primi ordinis comes Africae.* On trouve encore : *comes militaris rei per Africam* (l. 3 *de erogatione militaris annonae* (C. Th., VII, 4) ; (2) — *comes rei militaris per transmarinas provincias* (l. 1 *de comitibus rei militaris* (C. Th., VI, 14). Mais, dans ce cas, il s'agit moins d'un titre officiel que d'une appellation qui permet d'embrasser à la fois le comte d'Afrique, le *dux* de Maurétanie et celui de la Tripolitaine.

Gildon est appelé *comes et magister utriusque militiae per Africam* (l. 9 *ad legem Juliam de adulteriis,* C. Th. IX, 7). Ce n'est pas une simple variante, mais l'indication, tout au moins, d'un rang plus élevé dans la hiérarchie, puisque ce titre faisait prendre rang parmi les *illustres.* Cette qualification était-elle, dans ce cas, purement honorifique, comme le pensent Bœcking (*Not. dignit.,* II, p. 208 et 209) et Bethmann Hollweg ? Je le croirais volontiers. Notons, en passant, qu'en Gaule, le comte militaire s'appelle *Magister equitum, Magister equitum et peditum* sous Constance et sous Julien (Bethmann Hollweg, § 135, note 14 *in fine.* (La Notice lui donne le titre de *vir illustris comes et magister equitum Galliarum* — Naudet (*op. cit.*) dit que les comtes militaires sont appelés quelquefois *pro-magistri ;* je n'ai rien trouvé de pareil aux endroits qu'il cite.

---

(1) D'après M. Mommsen, *De C. Caelii Saturnini titulo,* c'est seulement après Constantin que les mots *comes Africae* ont été employés pour désigner le comte militaire.

(2) Le *comes per Africam* de la loi 1 *quemadmodum munera civilia* (C. Th. XII, 5), de 326, n'a que des fonctions d'ordre civil. — Cf. la note précédente et plus loin la notice d'Annius Tiberianus.

Ammien Marcellin, parlant du comte Flavius Gratianus, père des empereurs Valentinien Ier et Valens, s'exprime ainsi : *comes praefuit rei castrensi per Africam* (XXX, 3). On verra plus loin que cette expression doit être considérée, suivant moi, comme l'équivalent de *comes Africae*.

La loi 1 *de venatione ferarum* (C. Th., XV, 11) donne à Maurianus, en 414, le titre de *vices agens magistri militum*. — Ammien Marcellin paraît appliquer à un autre celui de *vicarius : ut ne quid suspicaretur* (il s'agit d'Ursicinus, maître de la cavalerie en Orient) *adversi venturus, vicarius ejus, dum redit, Prosper missus est comes* (XIV, 11).

La Notice des dignités (ch. XXIII) qualifie le comte de *vir spectabilis ;* c'est aussi l'expression employée généralement par le Code Théodosien. Il semble que, dans le principe, il n'ait été, comme le vicaire, que *perfectissimus: nec sub eo* (l'empereur Constance) *dux quisquam cum clarissimatu provectus est. Erant enim, ut mos quoque meminimus, perfectissimi* (Amm. Marcell., XXI, 16). (1) A quelle époque devinrent-ils *clarissimi*, puis quand changèrent-ils ce titre pour celui de *spectabiles ?* Il est difficile de se prononcer. Dans la loi 3 *de equorum collatione* (C. Th., XI, 17), de 401, on ne les dit encore que *clarissimi.*

Le *cursus honorum* du comte Flavius Gratianus est intéressant en ce qu'il nous donne une idée de l'avancement dans l'armée, à cette époque. Il débute dans les *protectores*, c'est-à-dire dans la garde impériale, et devient par la suite tribun de légion, comte d'Afrique, comte de Bretagne. On pourrait citer aussi Gaudentius qui, d'abord comte, fut plus tard vicaire ; mais nous aurons plus loin à nous demander s'il s'agit bien du même personnage.

____

(1) Le témoignage d'Ammien est cependant contredit par la loi 4 *de re militari* dont la rubrique donne, en 350, au comte Cretio, la qualification de *vir clarissimus*. Il me paraît, du reste, singulier qu'un Comte d'Afrique soit un simple perfectissime tandis que le Consulare de Numidie est clarissime. Notons toutefois que ce serait moins choquant que s'il s'agissait du vicaire.

En tous cas, il est certain que les vicaires avaient la préséance sur les comtes. La loi 7 *de officio vicarii* (C. Th., I, 15) dit d'abord que dans les affaires civiles le vicaire l'emporte, mais que, dans les affaires militaires, le comte écarte le vicaire. Puis, visant le cas d'une affaire mixte, le texte affirme la prééminence de ce dernier : *quotiesque societas in judicando contigerit, priore loco vicarius ponderetur, comes adjunctus accedat ; si quidem, cum praefecturae meritum ceteris dignitatibus antestet, vicaria dignitas ipso nomine ejus se trahere indicet portionem et sacrae cognitionis habeat potestatem et judicationis nostrae soleat repraesentare reverentiam.*

Ajoutons, enfin, que parmi les comtes, ceux d'Afrique, ou plus exactement les *comites per transmarinas provincias*, paraissent avoir eu une situation plus relevée que les autres. J'en trouve la preuve dans la loi 1 *de comitibus rei militaris* (C. Th., VI, 14), en 372, qui laisse entrevoir que leur mission peut leur valoir le rang de comtes de première classe : *qui contemplatione meritorum, ducto inter provincias transmarinas strenuissime milite, primi ordinis comitivam fuerint consecuti...* La fin de ce texte ne manque pas non plus d'intérêt, car il y est dit que cette faveur et ce titre astreignent toujours les comtes à la *reverentia* envers certaines personnes que la loi désigne ainsi : *ea reverentia altissimarum dignitatum viris subjugantur.*

On a dit que Carthage était la résidence officielle du comte d'Afrique. Je n'y vois pas d'objection sérieuse. Toutefois, je ne crois pas que l'argument tiré de la loi 15 *de decurionibus* (C. Th., XII, 1), et que l'on cite quelquefois, suffise pour trancher la question dans ce sens.

Le comte d'Afrique, dit la Notice des dignités (ch. VI), relève du maître de l'infanterie : *sub dispositione viri illustris magistri peditum praesentalis* [1]*, comites militum infra scripti :*

---

(1) On sait que l'épithète *praesentalis* désigne les fonctionnaires présents à la cour par opposition à ceux dans les provinces.

a) Italiae, b) Africae, c) Tingitaniae, etc. ; *Duces limitum infrascriptorum decem : a) Mauritaniae Caesariensis; b) Tripolitani...*, etc. On voit par ce texte combien le département du comte diffère de celui du vicaire [1]. Il comprend la Proconsulaire, la Numidie propre, la Numidie proconsulaire et la Byzacène ; mais il exclut la Tripolitaine et la Maurétanie Césarienne. Quant à la Tingitane, on sait qu'elle est rattachée à l'Espagne. Il ne faut pas, au surplus, s'étonner de la discordance entre les divers ressorts ; on la retrouve même dans l'ordre des divisions ecclésiastiques, où la répartition des évêchés entre les provinces offre des particularités curieuses que nous n'avons pas à indiquer ici.

Voilà la conclusion qu'à première vue on peut déduire de la Notice. Cependant, quand on y regarde de plus près, on est porté à croire que les pouvoirs du comte d'Afrique étaient beaucoup plus étendus. Ainsi, trois des *praepositi limitum* que le chapitre XXIX met sous les ordres du *dux Mauretaniae* se retrouvent énumérés parmi ceux qui dépendent du comte [2]. Celui-ci paraît également avoir à sa disposition (chap. XXIII) le *praepositus limitis Montensis in castris Leptitanis* et le *praepositus limitis secundaeforum in castris Tillibarensibus*. Je n'insiste pas sur le premier. Comme on verra plus loin, je croirais volontiers qu'on doit lire *Neptitanis*, au lieu de *Leptitanis*. Mais il semble, quoi qu'on en ait dit, difficile de ne pas identifier les *castra Tillibarensia* avec le *Tillibari* que l'Itinéraire d'Antonin

---

(1) Un texte appelle ce département le diocèse militaire d'Afrique : *Equos canonicos militaris dioeceseos Africanae.* — L. 3 *de equorum collatione ;* C. Th., XI, 17. — La leçon n'est cependant pas absolument sûre ; quelques manuscrits donnent : *equos canonicos militares...* — Cf. la note d'Haenel.

(2) On a trouvé au nord d'Aumale (Auzia) trois bornes ; deux d'entre elles portent : *Limes pr(ovinciae) Afri(cae),* l'autre : *Limes Maur(etaniae),* — cf. C. I. L., VIII, 9178 ; — *Ephem. epig.,* VII, 492, 493. — Ces bornes, placées en pleine Maurétanie, indiqueraient, d'après M. Mommsen, la limite extrême du ressort du comte ; l'espace entre ces points et la frontière vraie de la Numidie serait le territoire mixte où s'exerçaient simultanément l'action du comte et celle du *dux et praeses* de Maurétanie.

place en Tripolitaine. De plus, si nous examinons le tableau reproduit plus loin de la répartition des troupes par provinces *(Not. dign.,* VII), nous remarquons que celles indiquées comme cantonnées en Afrique sont placées sous les ordres du comte. Il n'en est attribué aucune au *dux Mauretaniae* ni au *dux Tripolitanae.* Le chapitre XXX reconnaît, il est vrai, à ce dernier, les *milites fortenses in castris Leptitanis* et les *milites munifices in castris Madensibus,* mais il n'est pas douteux que ces deux détachements ne constituaient pas à eux seuls le corps d'occupation de cette province, et, d'autre part, il est remarquable que le *dux Mauretaniae* apparaît comme un officier absolument sans troupes.

Enfin, une autre remarque qui n'a pas non plus encore été faite, c'est que le jour où les habitants de Leptis, en Tripolitaine, sont opprimés par les incursions des Austuriani, ils s'adressent directement au comte d'Afrique Romanus pour avoir des secours. A un moment donné, il est vrai, leur défense est confiée au *dux et praeses* de Tripolitaine, Ruricius; mais Ammien Marcellin nous présente cela comme une mesure exceptionnelle prise sur les instances des députés de la Tripolitaine, à la suite du départ du comte et de l'accusation portée contre lui.

Résumons-nous : le comte d'Afrique nous apparaît comme investi du commandement exclusif des troupes d'Afrique, sauf deux exceptions pour la Tripolitaine. Il a sous ses ordres les *praepositi militum* de la Byzacène et de la Numidie. Il partage avec le duc de Maurétanie, dans des conditions qu'il est difficile d'expliquer, l'autorité sur trois *praepositi ;* deux autres *praepositi* de *limites,* qu'on attribue généralement à la Tripolitaine, sont ses subordonnés. Qui ne voit, dès lors, combien il serait inexact de se borner à dire que le comte d'Afrique n'a que le commandement militaire supérieur de la Proconsulaire jointe à la Byzacène et à la Numidie? Il a, en réalité, quelque chose de plus, et l'on trouvera peut-être un jour la notion exacte de ce pouvoir. Bornons-nous à constater aujourd'hui le danger d'une formule que j'ai moi-même employée jadis. — Cf. *Bulletin trimestriel des antiq. afric.* (Oran), 1885, p. 79.

J'ai parlé plus haut des troupes que la Notice des dignités (ch. VII) place en Afrique : *cum viro spectabili comite Africae*. En voici la liste [1] :

A. — INFANTERIE :

1° *Celtae juniores ;*

2° *Armigeri propugnatores seniores ;*

3° *Armigeri propugnatores juniores ;*

4° *Secundani Italiani*, qui nous font songer à la *IIe Italica ;*

5° *Cimbriani ;*

6° *Primani*, — cf. *Corpus I. L.*, VIII, 9,248 ;

7° *Secundani ;*

8° *Tertiani ;*

9° *Constantiniani ;*

10° *Constantiaci ;*

11° *Tertio Augustani*, qui rappellent le souvenir de la *IIIe Augusta ;*

12° *Fortenses.*

B. — CAVALERIE :

1° *Equites Stablesiani Italiciani ;*

2° — *Scutarii seniores ;*

---

(1) A propos de cette liste, il doit être fait deux observations importantes : la première, c'est qu'elle ne nous donne que l'état de l'armée d'Afrique dans les premières années du 5e siècle (vers 400-404, date de la *Notitia dignitatum*). Il faut donc faire la part de modifications diverses qui n'ont pu manquer de se produire avant et après. En second lieu, la multiplicité des corps ne doit pas nous porter à croire que les troupes étaient plus nombreuses que dans le haut empire. Au point de vue numérique, chacun de ces détachements diffère complétement de la troisième légion. Si nous poursuivions cette étude, nous montrerions que l'organisation nouvelle n'a plus rien de commun avec l'ancienne.

3º   —   *Stablesiani seniores* ;

4º   —   *Marcomanni* ;

5º   —   *Armigeri seniores* ;

6º.   —   *Clibanarii* ;

7º   —   *Parthi sagittarii seniores*, C. I. L., VIII, 8,490, Sétif ;

8º   —   *Cetrati seniores* ;

9º   —   *primo sagittarii* ;

10º   —   *secundo sagittarii* ;

11º   —   *tertio sagittarii* ;

12º   —   *quarto sagittarii* ;

13º   —   *Parthi sagittarii juniores* ;

14º   —   *Cetrati juniores* ;

15º   —   *promoti juniores* ;

16º   —   *Scutarii juniores comitatenses* ;

17º   —   *Honoriani juniores* ;

18º   —   *Scutarii scholae secundae* ;

19º   —   *Armigeri juniores*.

La Notice nous apprend, en outre, que le comte d'Afrique avait sous ses ordres, comme nous l'avons vu, des *praepositi limitum*. Il ne s'agit pas ici d'une division territoriale partageant tout le pays, mais d'un certain nombre de postes isolés. Sur ce point, le doute n'est guère possible. Malheureusement, beaucoup de ces endroits n'ont pu encore être identifiés avec les localités modernes. M. Masqueray [1] a cependant fort ingénieusement remarqué que l'ordre d'énumération de la liste procède en allant de l'est à l'ouest, ce qui est une indication précieuse pour guider les recherches. Il ne faudrait pas, toutefois, la prendre à la lettre, l'auteur même le constate à deux reprises, et nous au-

---

(1) *De Aurasio Monte*, Paris, Thorin, 1886. — Je suis pas à pas ce travail, le plus complet et le plus sûr de tous ceux qui traitent la question des *limites* dépendant du comte d'Afrique. On peut consulter aussi Bœcking *(Not. dignit.)*, mais il est bien vieilli depuis que d'innombrables découvertes épigraphiques et une étude plus approfondie de la topographie algérienne ont transformé la géographie de ce pays.

rons à nous demander s'il n'y a pas une dérogation plus grave pour les *castra Tillibarensia*.

Il est, en outre, assez difficile, au premier abord, de déterminer d'après quelle règle on a choisi les emplacements des *limites*. On ne peut dire qu'ils ont exclusivement pour but de protéger la ligne d'occupation romaine contre les incursions du dehors, puisque le *limes Tubusubditanus* et le *limes Tuggensis*, sans parler du *Zabensis*, sont au centre même du territoire occupé. A mon avis, l'on a obéi à une double considération : d'abord couvrir les frontières, ensuite assurer dans l'intérieur même du pays la sécurité de régions occupées par des populations moins soumises ou moins civilisées. Le *praepositus limitis*, dans ce dernier cas, remplace le *praefectus gentis* du haut empire.

On remarquera, enfin, et j'y ai fait déjà allusion, que plusieurs des *limites* indiqués ci-après comme relevant du comte d'Afrique figurent dans d'autres chapitres comme placés sous les ordres du *dux Mauretaniae*. Mais je ne puis encore que constater ce fait, dont on n'a donné aucune explication plausible.

Les *praepositi limitum* énumérés par la Notice comme étant sous l'autorité supérieure du comte d'Afrique sont au nombre de seize :

1° Le *Praepositus limitis Thamallensis*, qu'on s'accorde à identifier avec le *Turris Tamalleni* de l'itinéraire d'Antonin, sur la route de *Tacape* (Gabès) à *Leptis Magna*, à 78 milles de *Tacape*. Cet endroit paraît correspondre à l'oasis de Tilmin dont le nom actuel, comme on voit, ne se serait que légèrement altéré. Il était ainsi en Byzacène, sur la frontière de la Tripolitaine. — Cf. C. l. L., viii, p. 21 ; — Morcelli, i, p. 302.

2° *Praepositus limitis Montensis in castris Leptitanis*. La plus grande incertitude règne sur l'emplacement de ce *limes*. On a d'abord lieu d'hésiter entre les deux Leptis : *Leptis Magna* (Lebda), en Tripolitaine, et *Leptis minus* ou *Leptiminus* (Lemta), en Byzacène, que Justinien appelle *Altera Lepti* par opposition

à la première. — L. 2, § 1, *de officio praef. praet.*, 1, 27).
Il a semblé à Bœcking qu'il s'agissait de *Lepti minus*, à raison
de sa situation en Byzacène. M. Masqueray pense, au contraire,
que les *Leptitana Castra* sont auprès de *Leptis Magna*, en Tripolitaine. On les retrouve mentionnés, dit-il, au chapitre xxx de
la Notice qui, énumérant les troupes placées sous les ordres du
dux Tripolitanae, nomme les *milites fortenses in castris
Leptitanis*. Il y aurait donc pour ce *limes* une situation mixte
présentant de l'analogie avec celle des trois *limites* de Maurétanie.

Il y a une troisième explication, indiquée par M. Otto Seek
dans son édition de la Notice. Elle consiste à lire : *in castris
Neptitanis*, au lieu de : *in castris Leptitanis*. Nefta, l'emplacement actuel de Nepte (ou *Aggarsel*) est à l'ouest de *Turris
Tamalleni*, au nord-ouest du chott El-Djerid. — *(Nepte ;*
ethniques : *Neptitanus, Neptensis, Nebbitanus ;* cf. C. I. L.,
VIII, p. 22). — Cette correction du texte, que M. Masqueray ne
paraît pas avoir connue, est quelque peu hardie. Elle concorde
parfaitement, néanmoins, avec le principe de l'énumération de
l'est à l'ouest.

3° *Praepositus limitis Bazensis*. Cette consonnance éveille
tout d'abord le souvenir de *Base* que l'Itinéraire d'Antonin place
dans la Tripolitaine entre *Leptis magna* et *Macomades Syr-
tae*. Morcelli préfère identifier ce *limes* avec *Vazuá*, la Οὐάζουα
de Ptolémée, en Proconsulaire, entre Thabraca et le Bagrada
(*Africa Christ.*, p. 348). Bœcking (II, p. 521) opte pour *Ubaza
Castellum*. M. Masqueray pense qu'il s'agit d'*Ad Badias*, aujour-
d'hui *Bades*, au pied méridional de l'Aurès, entre Besseriani et
Biskra. Quant à la transformation de *Badiensis* en *Badensis*,, il
fait très ingénieusement remarquer que ce n'est pas un fait
isolé dans l'onomastique africaine, où *Auzia* donne *Auza, Au-
ziense, Audiense* et où l'on trouve *Azabenicis* pour *Adiabe-
nicis*.

4° *Praepositus limitis Gemellensis. Gemellae*, aujourd'hui

M'lili, au pied de l'Aurès, où le P. Delattre *(Revue de l'Afrique
française,* 1888, p. 175) et plus récemment MM. Audollent et
Letaille ont reconnu des restes d'un camp permanent. Le *Corpus,* VIII, p. 277, admet cette identification. On connaît cependant deux autres localités du même nom : l'une, *Vicus Gemellae,* sur la route de *Tacape* à *Capsa* et à *Taelepte,* entre ces deux
derniers endroits, — l'autre snr la route de Lambèse à Sétif, à
Kherbet-Fraïm, d'après M. Poulle *(Rec. de Const.,* XVI, p. 222
et suiv. ; p. 421 et suiv.), à Bel-Haroug, d'après le *Corpus,* p.
744 et 973.

5° *Praepositus limitis Tubunensis,* à *Tubunae,* aujourd'hui
Tobna, C. I. L., VIII, 4482 et suiv.

6° *Praepositus limitis Zabensis.* — *Zabi,* dont les ruines
se voient à Beschilga, près M'sila. — C. I. L., VIII, p. 750.

7° *Praepositus limitis Tubusubditani.* — *Tupusuctu,*
suivant la forme la plus ancienne, à Tiklat, au sud-ouest de
Bougie. — C. I. L., VIII, 8834 et suiv.

8° *Praepositus limitis Thamallomensis.* Morcelli (I, p. 303)
l'identifie avec une localité de Byzacène sur les frontières de la
Tripolitaine dont parle Victor de Vita, qui la nomme *Tamallumensis
civitas (Historia persecutionis Africanae provinciae,* édition
Petschenig, III, 45). Mais il y a en Maurétanie un *Taman-
nuna municipium,* placé dans la carte de Peutinger à l'ouest de
Sétif et qu'on suppose avoir été situé vers Bordj-bou-Arréridj ou
tout au moins dans la plaine de la Medjana. Victor de Vita cite
en tête de la liste des évêques de la Sitifienne exilés en 484 par
Huneric : *Rufinus Tamallumensis.* Il s'agit très vraisemblablement de notre *limes.* M. Masqueray considère cette hypothèse
comme très plausible. — Cf. C. I. L., VIII, 751 ; — Bœcking,
p. 525.

9° *Praepositus limitis Balaretani.* Les noms connus qui se
rapprochent le plus de celui-ci sont : *Vavarita* en Byzacène,
Vazarita ou *Bazarita* en Numidie, Οὐάβαε que Ptolémée
place en Maurétanie Césarienne. Le nom de ce dernier endroit

offre une certaine consonnance avec celui de l'*ecclesia Baparensis*
de la liste des évêchés de cette province. — Morcelli, I, p. 97.
M. Masqueray n'est pas éloigné de supposer que cette localité,
dont l'emplacement est inconnu, se confond avec le *limes Bala-
retanus*.

10° *Praepositus limitis Columnatensis.* Une borne milliaire
trouvée dans les environs de Teniet-el-Haad, sur le territoire des
Beni-Lint, indique que *Columnata* est à 15 milles. (Waille,
Bulletin de Correspondance africaine, 1884, p. 453. — Pierre
Gavault, *Rev. afric.*, 1883, p. 231. — Mac-Carthy, même Revue, 1884, p. 392). On a supposé qu'il fallait placer *Columnata*
à Aïn-Toukria, dont les ruines sont distantes de 22 kilomètres. A
défaut de détermination précise, nous connaissons, comme on
voit, approximativement la position du *limes Columnatensis*.

11° *Praepositus limitis Tablatensis.* M. Masqueray garde le
silence à son sujet. Je vais essayer de combler la lacune. Les
listes des évêchés indiquent par deux fois une localité de Maurétanie Césarienne dont l'ethnique est *Tablensis*. Son emplacement n'est pas connu, mais c'est vraisemblablement de ce côté
qu'il faut chercher. — On a proposé d'autres endroits : *Tabalta*
(ethnique, *Tasbaltensis*, d'après la liste des évêchés), dans la Byzacène, entre *Sufetula* et *Tacape* ; — Mannert parle de *Taba-
lati*, situé à 156 milles plus loin que *Turris Tamallene* (*Géogr.
des États Barbar.*, p. 157). — Bœcking pense bien qu'il faut
chercher du côté de la Maurétanie et il incline vers *Talilti*, sur
la route de Carthage à Césarée, entre *Ad* Aras et Auzia, dont le
nom aurait été mal copié.

12° *Praepositus limitis Caput Cellensis.* Suivant Bœcking, il
s'agit de *Cellae*, sur les limites de la Numidie et de la Maurétanie (Kherbet-Zerga). M. Masqueray estime, au contraire, qu'il
faut identifier cet endroit avec le *Caput Cilani* de l'Itinéraire
d'Antonin, entre *Tiranadi* (Berouaghia ? C. I. L., VIII, 1791) et
Sufasar (Announa) : ce qui me paraît à peu près certain.

13° *Praepositus limitis Secundaeforum in Castris Tillibarensibus.* Rien dans l'onomastique africaine ne nous fournit

une indication sur le nom de *Secundaeforum,* que M. Masqueray
considère avec beaucoup de vraisemblance comme altéré par un
copiste. Il émet la même opinion au sujet des mots *in Castris
Tillibarensibus.* M. Otto Seek indique, dubitativement, il est
vrai, la lecture *Secundanorum,* au lieu de *Secundaeforum* [1],
ce qui, au surplus, n'avance qu'assez peu la solution de la difficulté. Quant au lieu qui a pour ethnique *Tillibarensis,* on ne
peut le rapprocher que de *Tillibari* en Tripolitaine, sur la
route de *Tacape* à *Leptis.* Or, M. Masqueray repousse cette
identification avec notre *limes* comme contraire à l'ordre suivi
par l'auteur de la Notice dans son énumération, et il faut attendre, suivant lui, pour être fixé, que le hasard fasse découvrir un
second *Tillibari* en Maurétanie, à moins que la transcription ne
soit mauvaise, ce qui lui paraît plus vraisemblable. — Je ne cache
pas, pour ma part, que l'idée d'une mauvaise transcription me
paraît l'hypothèse la moins sûre. La forme des mots *in castris
Tillibarensibus* me paraît absolument correcte et, pour dire
toute ma pensée, il m'est plus facile de supposer une transposition qu'une altération des noms. Les erreurs de cette nature ne
sont pas rares dans les manuscrits quand il s'agit d'énuméra-
tions. Le copiste qui s'aperçoit d'une omission n'efface pas,
mais il répare immédiatement sa faute en ajoutant à la suite les
noms oubliés. Je croirais donc volontiers au *Tillibari* de Tripolitaine. Il est vrai qu'un peu plus loin (ch. xxx), nous rencon-
trons un *praepositus limitis Tillibarensis* sous les ordres du
dux Tripolitanae ; mais ce fait n'a rien d'anormal, puisqu'il se
présente trois fois en Maurétanie. On remarquera, au surplus,
que notre texte ne donne au comte d'Afrique que le *limes secundanorum* des *castra Tillibarensia.*

14° *Praepositus limitis Tangensis.* M. Masqueray, avec
Bœcking, pense qu'il faut lire *Tuggensis* et place ce *limes* à

---

(1) On a vu plus haut figurer les *Secundani* parmi les corps de
troupes de l'armée d'Afrique.

Tucca, à l'embouchure de l'*Ampsagas*, qui sépare la Maurétanie de la Numidie, suivant la Table de Peutinger.

15° *Praepositus limitis Bidensis.* C'est très vraisemblablement le *Bida municipium* placé par l'Itinéraire d'Antonin sur la route intérieure de *Rusuccuru* à *Saldae*. On suppose assez généralement que *Bida* est aujourd'hui Djema-Saharidj, dans la grande Kabylie. Le *limes Bidensis* est aussi, de l'avis général, le même que le *limes Vidensis* placé sous les ordres du *dux Mauretaniae.*

16° *Praepositus limitis Badensis.* M. Masqueray incline à voir là une répétition du 3° *(Ad Badias*, Badès). Les commentateurs qui placent le *limes Bazensis* à *Base*, en Tripolitaine, mettent sans peine le *Badensis* à *Ad Badias*. Il m'est, pour ma part, assez difficile de croire qu'il y ait une simple répétition du 3° : si c'était vrai, la forme serait la même dans les deux cas. Or, elle diffère. Jusqu'à nouvel ordre, j'aime mieux croire à une localité inconnue de Maurétanie.

Le comte d'Afrique, comme, du reste, tous les commandants militaires, exerçait dans son ressort une certaine juridiction. Plusieurs textes y font allusion. C'est d'abord la loi 7 *de officio vicarii* (C. Th., I, 15), dont il a été déjà question : .... *in militaribus (causis) comites vicariis (convenit) anteponi.* C'est surtout la loi 16 *de appellationibus* (C. Th., XI, 30) : *a proconsulibus et comitibus et his qui vice praefectorum cognoscunt, sive ex appellatione, sive ex delegato, sive ex ordine judicaverint, provocari permittimus.*

Mais à quel signe reconnaîtra-t-on les affaires relevant du juge civil et celle dont le juge militaire doit seul connaître ? La loi 2 *de jurisd.* (C. Th., II, 1), qui est de Constance, répond par une distinction : s'il s'agit d'une affaire civile, c'est le *rector provinciae* qui est compétent, alors même qu'une des parties serait un militaire ; — s'il s'agit d'une affaire criminelle, le juge militaire est compétent quand le défendeur est un militaire et la qualité du poursuivant est indifférente. Cette décision est peut-être celle à laquelle Ammien Marcellin fait allusion quand il dit de Constance : *nec occurebat magistro equitum provinciae rector, nec contingi ab eo civile negotium permittebat* (xxi, 16). La défense de soumettre au juge militaire des affaires civiles est confirmée par la loi 9 au même titre *de jurisdictione*, sous des peines sévères. Cependant, Honorius et Théodose II paraissent avoir admis une dérogation à cette règle en 413 (l. 6 *de jurisdicti omnium judicium*, C. Justin., iii 13). Les commandants militaires pourront connaître des affaires civiles entre militaires, ou entre militaires et civils quand le défendeur sera militaire : *magisteriae potestati, inter militares viros, vel privatum actorem et reum militarem, etiam civilium quaestionum audiendi concedimus facultatem.* Il est remarquable que cette loi ne figure pas au Code Théodosien.

Les comtes sont, pour l'usage du *cursus publicus*, soumis à peu près aux mêmes règles que les vicaires. Comme eux, ils ont droit de se servir des postes impériales pour se rendre au siège de leur fonction ; mais ils ne peuvent prétendre qu'à quatre chevaux et un cheval supplémentaire *(parhippus)* (1), d'après la loi 49 *de cursu publico* (viii, 5).

Le comte d'Afrique a un *officium* appelé aussi *armata apparitio comitis Africae* dans la loi 31 *de episcopis* (C. Th., xvi, 2). Cet *officium* se compose :

1º D'un *princeps* détaché de l'*officium* des *magistri militum praesentales*. Il est fourni une année par le *magister peditum*, l'autre année par le *magister equitum* ;

2º Un *cornicularius* ;

3º Un *adjutor* ;

4º Un *commentariensis* tiré, comme le *princeps*, de l'*officium* des *magistri militum* et avec la même alternance ;

---

(1) Le *parhippus* est un cheval de selle sur lequel on met un porte-manteau (Daremberg et Saglio, *Dict. des antiq. grec. et rom.*, i, p. 1657, col. 1). Voir aussi Audollent : *Les Veredarii*, dans les *Mélanges de l'École de Rome*, 1889, p. 249 et suiv.

5° Deux *numerarii*. Même observation que pour le précédent ;

6° Un *subadjuva* ;

7° Un *regerendarius* préposé au service des postes *(cursus publicus)*, d'après Bethmann Hollweg (III, p. 152). Je ne vois, cependant, pas bien quelles pouvaient être ses attributions et surtout pourquoi l'on ne trouve aucun *officialis* analogue auprès du vicaire ;

8° Des *exceptores* ;

9° Des *singulares*, etc.

En résumé, si l'on compare cet *officium* à celui du vicaire, on voit qu'il y manque l'*ab actis* et le *cura epistolarum* et qu'on trouve en plus le *regerendarius*.

Si l'existence de vicaires pendant les derniers temps de la domination romaine en Afrique présente quelque incertitude, il n'en est pas de même des comtes d'Afrique. C'est même par l'un d'eux, Boniface, que les Vandales furent appelés. Il fut le dernier. Pendant la période d'agonie, qui s'étend de 428 à l'abandon définitif des provinces africaines par les empereurs d'Occident, l'histoire n'en mentionne plus aucun.

VICAIRES ET COMTES D'AFRIQUE

L. DOMITIUS ALEXANDER. V. A.
304 (?) 311

L'histoire de s'est guère occupée de lui qu'à partir du jour où il fut fait empereur, et la seule inscription qui nous ait conservé ses noms ne lui donne que le titre d'Auguste (1). Cependant, les écrivains qui racontent cet épisode nous rappellent incidemment ce qu'il faisait auparavant en Afrique : *apud Poenos pro praefecto gerens*, dit Aurelius Victor (*de caesaribus*, XL). Zozime (II, 12) emploie une formule équivalente : Ἀλέξανδρος... τόπον επέχειν τοῦ ὑπάρχου τῆς αὐλῆς ἐν Λιβύη χαθεσταμένος...

Mais c'est à peu près tout ce qu'on sait de la carrière antérieure d'Alexandre et la date à laquelle il fut nommé vicaire du préfet du prétoire est inconnue. Les actes du martyre de St-Mammaire et de ses compagnons nous fourniraient peut-être un peu de lumière sur ce point si, comme le remarque M. Poulle, ils offraient quelques garanties d'authenticité. Ils parlent, en effet, d'un comte Alexandre que le proconsul Anulinus aurait chargé d'instruire le cas de Mammarius. Malheureusement, ces actes ne sont qu'un récit agrémenté de détails invraisemblables et rédigé longtemps après l'événement avec des souvenirs forte-

---

(1) Je n'insisterai que peu sur cette période de la vie d'Alexandre. J'en ai déjà parlé dans les *Fastes de la Numidie sous la domination romaine*. On consultera avec profit Tillemont, *Hist. des Empereurs*, IV, pages 109 et 628. — M. Poulle a donné, à propos de l'inscription de Domitius Alexander, trouvée à Constantine, une dissertation d'un très grand intérêt (*Recueil de la Société archéologique de Constantine*, XVIII; p. 463 et suiv.).

ment altérés (1). Le titre de comte, par exemple, donné à
Alexandre est un anachronisme qui nous transporte vers la fin
du règne de Constantin et le mot *pagani* que le narrateur place
dans la bouche du juge pour désigner les payens ne se trouve
point pris dans ce sens, d'après Tillemont, avant 365 (Ducange,
Glossarium). L'historien ajoute même qu'il n'y a pas d'exemple
que les payens s'en soient servi pour se désigner eux-mêmes.
De plus, si cet Alexandre est le vicaire d'Afrique, l'ordre qu'il
reçoit du proconsul soulève une double objection : d'abord, il
ne dépend que du préfet du prétoire ; en outre, les localités où
s'exercent les poursuites sont situées en dehors de la Proconsulaire, car se sont Lambèse, Thamugas, Tigisi, Vaga et Boseth
Anforaria.

Il me semble, pourtant, qu'à travers les invraisemblances de
la légende, on peut entrevoir la vérité. Ne serait-ce pas Alexandre
qui, de sa propre autorité, a fait rechercher les chrétiens et les
a jugés, tandis qu'Anulinus restait étranger à l'action ? Conclusion hardie, je l'avoue, mais qu'on ne peut rejeter *à priori*
après la remarque fort curieuse de M. Edmond Le Blant, dans
le mémoire précité (pages 26 et 27 du tirage à part) et qu'on
me permettra, à cause de son intérêt, de citer en entier.

« Au trouble si considérable que jette dans nos textes la confusion entre les noms des empereurs, s'ajoute la désignation
inexacte des magistrats payens. Un même nom, celui d'Anulinus, y reparaît à chaque instant, que la scène se passe à Luc-
ques, à Milan, à Ancône, sous Néron, sous Valérien, Gallien,
Maximien, Dioclétien, et, si l'on ne veut admettre que, par une
rencontre singulière, tant d'hommes ainsi nommés aient eu à
poursuivre les fidèles, on reconnaîtra, dans des pièces si diverses, le nom du terrible proconsul Anulinus qui, sous Dioclé-

---

(1) Telle est la conclusion de M. Edmond Le Blant (*Les actes des
Martyrs, supplément aux acta sincera de Dom Ruinart*, publié
dans les *Mémoires de l'Académie des Inscriptions et Belles-Lettres*,
1882, et tiré à part). L'auteur a établi l'exagération de certaines des
critiques de Tillemont (*Hist. eccles.*, v. p. 617 et suiv.). Les actes de
Saint-Mammaire ont été publiés pour la première fois, croyons-nous,
par Mabillon, *Vetera analecta*, édition in-4°, IV, p. 93 et suiv.

tien, fut le bourreau des martyrs d'Afrique et qui, pour les narrateurs de seconde main, devint le type même du magistrat persécuteur. »

Faut-il s'étonner, dès lors, d'une confusion commise dans l'Afrique même, après bien des années (car le récit du martyre de Saint-Mammaire est, nous l'avons montré, bien postérieur au fait raconté), par le narrateur ? Est-il téméraire de substituer le nom du vicaire Alexandre à celui du terrible Anulinus ?

On me dira peut-être que ce qui est téméraire, c'est de changer la physionomie du récit en substituant un personnage unique aux deux acteurs qu'il nomme et auxquels il donne des rôles distincts. Tel est aussi mon avis ; aussi, croirais-je volontiers qu'à côté du magistrat qui ordonne les poursuites et qui, finalement, juge les accusés, il y en a un autre qui va à Vaga, à Lambèse, à Thamugas chercher ceux-ci et préparer l'instruction. Seulement, ce second magistrat, c'est le consulaire de Numidie, subordonné naturel du vicaire. — Chacun est alors dans son rôle, opère dans son ressort (1).

Le premier interrogatoire de Saint-Mammaire eut lieu le 11 mai 304, sa mort le 10 juin suivant. Si mon raisonnement est exact, nous pouvons reculer de quelques années le commencement du vicariat d'Alexandre.

La fin de l'histoire de celui-ci est bien connue. La persécution dura deux ans en Afrique, au dire d'Eusèbe, ce qui nous conduit au milieu de l'année 305, qui voit l'abdication de Dio-

---

(1) Il y a d'autres détails invraisemblables dans la passion de Saint-Mammaire, quelquefois plus difficilement justifiables ; je regrette que le plan de ce travail n'en comporte pas l'examen. — Je ne veux insister que sur un point. Il est dit qu'Anulinus (nous mettrons Alexandre) mourut pendant l'instance et que son corps fut mangé par les oiseaux. Il semblerait que la légende ait enjolivé le récit en y ajoutant un fait postérieur, plus ou moins authentique, du reste. Je veux parler de la mort d'Ursacius, dont il sera question plus loin. Cela me porterait à penser que nos actes sont l'œuvre d'un donatiste. Tillemont a, du reste, fait remarquer ce qu'il y a d'étrange dans l'attitude de Mammarius, qui donne au juge les noms des autres chrétiens qu'il connaît. « Cela me donne assez sujet de craindre, dit-il, que Mammaire ne fut chef de quelque secte d'hérétiques qui faisaient profession de ne se point cacher durant la persécution, comme les Montanistes et les Tertulianistes. » Il cite à l'appui le très petit nombre de chrétiens que Mammarius peut désigner dans des villes où il est vraisemblable qu'ils étaient plus nombreux.

clétien (1er mai) et de Maximien. Constance meurt le 25 juillet
306 et est remplacé par Sévère. Le 28 octobre suivant, Maxence,
fils de Maximien Hercule, mécontent de n'avoir que le titre de
César, se fait proclamer Auguste par les troupes. Au mois de
février ou de mars, Sévère, trahi, est livré et mis à mort.

Son compétiteur envoie, sur ces entrefaites, ses images en
Afrique. Les soldats refusent de les laisser présenter au peuple
et le prince outragé songe à aller lui-même tirer vengeance de
cet affront. Mais il n'est pas sûr d'Alexandre et il veut commencer par s'assurer un otage ; il demande au vicaire de lui envoyer
son fils. Alexandre, flairant le piège, oppose un refus à l'ordre
qui lui est donné. Quelque temps après, sur le bruit que Maxence
a envoyé secrètement des émissaires chargés de l'assassiner, il
se fait proclamer empereur. C'est alors que le préfet du prétoire, Rufius Volusianus, est envoyé en Afrique avec une armée
que dirige Zena, « homme célèbre tant par l'expérience qu'il
avait de la guerre que par la douceur de son naturel. » Alexandre est vaincu et mis à mort. Maxence, devenu complétement
maître de l'Afrique, se venge cruellement par le meurtre et la
spoliation. Le mal qu'il fait est tel, qu'après la défaite du Pont
Milvius, Constantin fera couper sa tête et l'enverra aux Africains.

Voilà en quelques mots l'histoire résumée d'après Zozime
et Aurelius Victor. Les détails, comme je l'ai déjà observé, ne
peuvent avoir place ici. On les trouvera discutés dans le travail
précité de M. Poulle. Je n'insisterai que sur une question de
date. Si l'on est d'accord pour placer en 311 la chute d'Alexandre, il y a quelque hésitation sur l'époque de son élévation au
pouvoir suprême. Quelques-uns pensent que ce règne fut éphémère, que l'année 311 vit son commencement et sa fin. Tel est,
semble-t-il, l'avis d'Eckhel *(Doctrina nummor. veter*, VIII, p. 60)
et de Cohen (VI, p. 45 et suiv.). Mais l'opinion générale est que,
proclamé en 308, Alexandre résista jusqu'en 311. — Tillemont,
Hist. des Emper., IV, pages 109 et 628 ; Duruy, *Hist. des Romains*, VII, pages 17-19 ; Clinton, *Fasti romani* ; Poulle, *Recueil
de Const.*, XVIII, p. 463 et suiv. ; Morcelli.

Les monnaies d'Alexandre présentent douze types différents,

indiqués par Cohen. On lui en a quelquefois attribué d'autres qui, en réalité, appartiennent, semble-t-il, à Alexandre Sévère. Eckhel rapporte que Gültzius a prétendu trouver une série de coins se distinguant les uns des autres par les lettres A, B, Γ, Δ, d'où il a conclu à un règne de quatre ans ; mais le numismate allemand soupçonne ou une supercherie ou une confusion avec l'autre Alexandre. C'est cette considération qui le détermine surtout à tenir le règne du nôtre comme éphémère. — Toutes les monnaies portent le signe P C *(percussa Carthagini)*. Cohen ajoute qu'on a parlé d'une pièce offrant l'abréviation P TR *(per-'ussa Tripoli)*, mais il déclare ne l'avoir jamais vue.

PATRICIUS. V. A. [1]
312 - 316

Dans une lettre écrite à Cæcilien, évêque catholique de Carthage, Constantin annonce d'abord qu'il a donné l'ordre à Ursus, *rationalis Africæ*, de lui remettre une somme de 3,000 *folles* [2] pour être distribuée suivant les instructions que lui transmettra Hosius (l'évêque de Cordoue). — L'empereur fait

---

(1) Ce travail est déjà en épreuves quand on me communique les récentes études de M. Otto Seek. N'étant plus maître de mon texte, je me contente généralement d'indiquer d'une façon sommaire les conclusions du savant professeur allemand qui sont développées dans deux dissertations : 1° *Die Zeitfolge der Gesetze Constantins*, dans le *Zeitschrift der Savigny-Stiftung für Rechtsgeschichte*, 1889, pages 1 et 177. — 2° *Die Anfänge des Donatismus*, dans le *Zeitschrift für Kirchengeschichte*, 1889, p. 505. C'est à cette dernière que je me réfère, sauf indication contraire. Pour l'instant, je remarque seulement que l'auteur tient pour apocryphes la plupart des documents dont le texte ne nous a été conservé que par Saint-Optat. Il conclut généralement à l'authenticité des autres, sous la réserve d'altérations de détail. Les opinions de M. Seek ne paraissent pas devoir être acceptées sans conteste. Déjà, comme on le verra, M. Funk s'est élevé contre certaines d'entre elles. Je crois savoir que d'autres protestations se préparent. — Je les indiquerai, s'il y a lieu, à la fin de ce volume.

(2) Le *follis*, ou bourse, quand il est pris comme monnaie de compte (et c'est ici le cas), représentait 125 milliaires, et deux bourses équivalaient à l'ancien *sestortium* (1,000 sesterces). — Dans tout le Levant, on compte encore par bourse, et une bourse vaut 115 fr. (Duruy, *Hist. des Romains*, VI, p. 585, note 4).

ensuite allusion aux troubles suscités par les donatistes : il a appris que des hommes violents corrompent le peuple de la très sainte Église catholique par des doctrines fausses ; aussi, a-t-il envoyé au proconsul Anulinus et à Patricius, vicaire des préfets, ses instructions (1), afin qu'ils donnent à cette question, entre beaucoup d'autres, un soin tout particulier et qu'ils ne soient pas tentés de dédaigner ou de dissimuler les faits de cette nature qui pourront se produire.

Ce passage fait allusion à la double compétence du proconsul et du vicaire d'Afrique. On a déjà vu, dans l'introduction, que ces juridictions s'exercent chacune dans un ressort propre : pour le proconsul, la Proconsulaire ; pour le vicaire, le reste de l'Afrique.

C'est la seule mention que nous ayons du vicaire Patricius. Elle vise une époque postérieure au 28 octobre 312, date de la victoire du Pont Milvius sur Maxence. Elle est, d'autre part, antérieure au rapport que le proconsul Anulinus envoyait, le 15 avril 313, pour accuser réception de la lettre mentionnée par la note précédente et pour annoncer une protestation que les donatistes lui ont remise. (Œuvres de St-Optat, p. 179 ; St-Augustin, ép. 88 ; Migne, II, col. 302). (2)

---

(1) Γίνωσκέ με Ανυλλίνῳ ἀνθυπάτῳ, ἀλλα μήν καί Πατρικίῳ τῷ Ουικαρίῳ τῶν ἐπάρχων παροῦσι τοιαύτας 'εντολάς δεδοκέναι... (Eusèbe, *Hist. eccles.*, x, 6). — Le texte original, qui devait être en latin, est perdu. — C'est une version latine de la traduction grecque d'Eusèbe, qui est donnée à la suite des Œuvres de Saint-Optat, page 177, et à la fin des Œuvres de Saint-Augustin (édition Migne), IX, col. 777). — Eusèbe donne aussi la traduction d'une lettre adressée au proconsul Anulinus (Œuvres de Saint-Optat, page 178). Il va sans dire qu'on ne confondra pas ce proconsul avec son homonyme Annius (?) Anullinus, persécuteur des chrétiens, proconsul vers 304). M. O. Seek estime que l'authenticité de ce document n'est pas douteuse.

(2) M. Otto Seek admet encore l'authenticité de cette pièce qui ne fut pas contestée sérieusement, dit-il, à la conférence de Carthage de 411.

AELIUS PAULINUS (VERUS). V. A.
313-314

Le concile de Rome, présidé par le pape Miltiade, s'étant, sur la convocation de Constantin (1), réuni le 2 octobre 313 (2), donne gain de cause à Cecilien contre les donatistes. Ceux-ci ne se tenant pas pour battus, attaquent vivement cette décision et envoient une députation à l'empereur. Ils reprennent la discussion sous une autre forme, soutenant que Felix, évêque d'Aptonge (ville dans les environs de Zama, mais qui n'a pas été encore identifiée), ayant livré les livres saints pendant la persécution, n'a pu imposer valablement les mains à Cecilien.

C'est alors que l'empereur décide de faire examiner le cas de Felix d'Aptonge. Nous n'avons qu'une partie des actes de cette enquête. Le commencement manque et, pour le surplus, un copiste maladroit paraît avoir commis des interversions ou tout au moins des coupures de textes au milieu desquelles il est assez difficile de se reconnaître. (3). — Le récit commence brusquement au milieu d'une phrase. Il y est question d'une assignation envoyée à des magistrats d'Aptonge, au nom d'Aelius Paulinus, qualifié *vir spectabilis agens vicariam praefecturam*. Quelques lignes plus loin, les mots : *si mei in cera possint inveniri inquiro*

---

(1) Eusèbe *(Hist. eccles.*, x) nous a conservé la lettre de l'empereur au pape. On en trouve une version à la suite des Œuvres de Saint-Optat, p. 180, et dans l'édition Migne des Œuvres de Saint-Augustin, ix, col. 778. Elle est postérieure au rapport du 15 avril 313, adressé par le proconsul Anulinus, dont il vient d'être question. M. O. Seek, tout en faisant quelques réserves touchant la suscription de cette lettre, la tient cependant pour authentique.

(2) Saint-Augustin, *Ad donatistas post collationem*, ch. 33; Migne, ix, p. 687.

(3) Saint-Optat, page 163; Saint-Augustin, ix, p. 780. M. O. Seek, p. 520, donne une ingénieuse explication des lacunes que présentent les *Acta Purgationis Felicis*. Il suppose que le texte qui nous est parvenu n'est qu'une série de citations détachées des *Acta* proprement dits. Je l'admettrais volontiers, mais je trouve qu'il s'aventure beaucoup en ajoutant que ces documents ont dû être falsifiés par les catholiques. Au moins devrait-il prouver ce qu'il avance après M. Wœlter.

sont le début d'un second fragment sans lien avec le premier, et, désormais, la procédure se poursuit devant le proconsul Aelianus. Le nom de Paulinus revient, mais c'est pour faire allusion à un fait antérieur et dans des termes qui supposent qu'il n'est plus en fonction : *nam Paulino hic administrante vices praefectorum, subornatus est quidam homo privatus....*

On ne peut guère concilier ces passages contradictoires, au premier abord, qu'en supposant l'enquête commencée par le vicaire Aelius Paulinus et continuée par le proconsul Aelianus. Une lettre écrite quelques mois plus tard par Constantin au proconsul Petronius Probianus fait bien allusion à une interruption de procédure, mais le vicaire qui aurait connu de l'affaire avant Aelianus s'appelle Verus. — Voici, du reste, ce passage : *Aelianus praedecessor tuus, merito dum vir perfectissimus Verus vicarius praefectorum, tunc per Africam nostram, incommoda valetudine teneretur, ejusdem partibus functus, inter cetera etiam id negotium vel invidiam, quae de Ceciliano episcopo ecclesiae catholicae videtur esse commota, ad examen suum atque jussionem credidit esse revocandam.* (Œuvres de S*-Optat, p. 185 ; Œuvres de S*-Augustin, ép. 88 ; Migne, ii, col. 304).

Trois hypothèses sont possibles. On peut supposer une erreur de copiste, commise dans l'un des deux textes, sans qu'on puisse dire lequel. C'est l'explication la plus commode, celle à laquelle on recourt toujours quand on n'en trouve pas d'autre. — On peut encore supposer que deux vicaires se sont, avant le proconsul, successivement occupés de l'affaire : Aelius Paulinus, puis Verus. Ce dernier étant tombé malade, le proconsul Aelianus s'est substitué à lui (1). Il faut, toutefois, reconnaître que nous avons bien peu de temps pour placer ces deux gouvernements (2). — Enfin, on

---

(1) C'est l'opinion de M. Vœlter, *Der Ursprung des Donatismus*, voir notamment p. 175. Dans le même sens, cf. M. Otto Seek, p. 520.

(2) M. Vœlter échappe à cette objection en supposant qu'Aelafius n'a jamais existé et que son nom est une transcription fautive de celui d'Aelius Paulinus. Il a ainsi l'intervalle nécessaire pour intercaler Verus. Mais cette opinion ne me paraît pas soutenable.

peut dire qu'il s'agit d'un seul et même personnage, dont le nom complet est Aelius Paulinus Verus. Tel est l'avis de Tillemont (*Hist. eccles.*, VI, p. 39 et note X sur les donatistes) que reproduit de Vit (*Onomasticon*, I, p. 104).

C'est à cette dernière opinion que je m'arrêterai en l'appuyant sur une considération nouvelle, assez téméraire, à la vérité, mais que d'aucuns trouveront peut-être vraisemblable.

On remarquera que, dans la *Purgatio Felicis*, Aelius Paulinus est dit *vir spectabilis*, ce qui est un anachronisme, les vicaires n'étant alors que *viri perfectissimi* et la qualification de *viri spectabiles* ne leur ayant été donnée que beaucoup plus tard. Une faute a donc été évidemment commise dans cette transcription par un copiste de la fin du quatrième siècle ou du siècle suivant et je présumerais volontiers qu'elle est due à une erreur de lecture qui a eu pour conséquence logique une interpolation. Le texte primitif devait, j'imagine, porter : *audi litteras domini mei Aelini Paulini* VERI. Le copiste a lu *viri*. Mais alors, la phrase devenait inintelligible, à moins de supposer une omission dans l'original et l'idée devait venir tout naturellement que ce qui avait été oublié, c'était l'épithète honorifique. Seulement, au lieu de faire un retour dans le passé pour y prendre celle qui convenait, le scribe a suppléé celle en usage de son temps et a mis *viri spectabilis*, au lieu de *viri perfectissimi*. — Je dois cependant à la vérité, qui m'est plus chère que mes systèmes, de reconnaître qu'une objection peut m'être faite, c'est que lorsqu'un homme a plusieurs noms, il est assez anormal de le trouver désigné tantôt par l'un, tantôt par l'autre : ou on les lui donne tous, ou, si on ne lui en donne qu'un seul, c'est toujours le même. Or, dans le cours de la *Purgatio Felicis*, il est fait allusion à un acte du vicariat d'Aelius Paulinus qu'on désigne simplement sous ce dernier coghomen (voir plus haut), tandis que Constantin, dans sa lettre au proconsul Petronius Probianus, l'appelle Verus (3).

---

(3) Je mentionne pour mémoire l'opinion de Baluze qui suppose qu'Aelius Paulinus était peut-être le vicaire de 303. Cf. Œuvres de Saint-Optat, p. 165, note. — Il est facile de voir que dans le texte, il s'agit de la *Purgatio Felicis*. De plus, en 303, on était en pleine persécution et les agents du gouvernement n'avaient que faire à intervenir dans les disputes entre catholiques.

Nous avons vu que la lettre de Constantin à Cecilien, où se lit le nom de Patricius, est du commencement de 313. Le vicariat d'Aelius Paulinus Verus se place donc entre cette date et les premiers mois de 314, époque à laquelle nous allons trouver Aelafius. — D'autre part, la *Purgatio Felicis* paraît avoir été ordonnée après le concile de Rome (2 oct. 313). Saint-Augustin lui assigne le 15 février 314 : *Volusiano et Anniano consulibus, id est post menses ferme quatuor*. (*Ad donatistas post collat.*, ch. 33, Migne, IX, 781). Les *Acta purgationis* offrent la date du 19 août 314. Il serait possible que la procédure ait commencé à la première date et, après avoir été interrompue par la maladie du vicaire, ait été reprise au mois d'août suivant.

Cependant, M. Otto Seek ne pense pas que l'enquête ait pu commencer le 15 février 314. La sentence du concile de Rome ayant été rendue le 2 octobre 313, il fallut, dit-il, la faire parvenir en Afrique aux donatistes, donner à ceux-ci le temps de se concerter pour former appel et porter cet appel à Constantin qui était alors à Trèves. L'empereur dut délibérer sur leur requête avant d'ordonner l'enquête. Pendant l'hiver, ses ordres ne pouvaient être transmis par mer, mais devaient suivre la voie de terre, beaucoup plus longue par la Gaule, l'Espagne, les Maurétanies. N'était-il pas impossible que tout cela se fit en quatre mois avec une chancellerie surchargée d'affaires ? — La seule date possible est le 15 février 315, d'après le savant professeur, qui suppose que la vraie leçon du texte de St-Augustin était : POST *consulatum Volusiani et Anniani* vv. cc. Et cette formule, ajoute-t-il, s'explique sans peine. On ignorait encore les noms des nouveaux consuls, la mer rendant, comme il a été dit, les communications difficiles, et l'on continuait à dater les actes officiels d'après les noms des anciens consuls, anomalie qui se présente quelquefois. M. Seek tire encore argument de la lettre par laquelle l'empereur intime l'ordre de lui envoyer les faux témoins qui ont déposé au procès de Felix. Il est vraisemblable que cette lettre a suivi de près l'enquête. Or, elle n'est pas envoyée à Aelianus, qui était encore proconsul le 25 février 315, mais à son successeur. Si l'on suppose que l'enquête a été commencée et achevée en 314, l'intervention de l'empereur est bien tardive. Quant à la date du 19 août 314, elle est respectée, seulement elle marquerait non la clôture mais le début de la procédure. Celle-ci ouverte en 314 se serait terminée au mois de février suivant.

A toute cette argumentation, je répondrai : 1° qu'il ne me paraît pas absolument impossible que l'enquête ait commencé le 15 février 314, c'est-à-dire quatre mois et demi après la décision du concile de Rome. L'auteur exagère, peut-être pour les besoins de sa cause, les délais et les difficultés. Est-il bien prouvé, notamment, que pendant les mois d'hiver, les communications fussent absolument interrompues entre l'Italie et Carthage ? — 2° Il est dit clairement dans la *Purgatio Felicis* qu'elle eut lieu onze ans après la période de tradition (303), ce qui nous reporte en 314. 3° La lettre de Constantin réclamant les témoins convaincus de mensonge n'est pas, dans notre système, aussi tardive qu'on veut bien le dire, si l'on considère que l'enquête, commencée le 15 février 314, a été interrompue et reprise au mois d'août suivant et achevée à une époque indéterminée ; 4° Il est enfin téméraire de faire commencer l'enquête le 19 août 314, quand, dans les actes, cette date est attachée à la dernière partie de la procédure, celle que préside le proconsul.

On ne voit pas bien à quel titre le vicaire Aelius Paulinus Verus fut saisi de l'enquête. On songe tout naturellement à une délégation spéciale de l'empereur. Ce qui est certain, c'est que quand la maladie l'arrête, le proconsul prend la suite sans délégation et comme de plein droit : *ad examen suum atque jussionem credidit esse revocandam.* Il y a là un point assez obscur.

AELAFIUS. V. A.
314

Constantin, lassé des réclamations incessantes des donatistes
contre le concile de Rome qui les avait condamnés en octobre
313, se décide à déférer le litige au concile d'Arles. On a le
texte d'une lettre adressée par lui au vicaire Aelafius (1), dans
laquelle il le charge de diriger immédiatement sur cette ville
l'évêque catholique Cecilien avec les personnes choisies par lui
et des délégués de la Byzacène, de la Tripolitaine, des Numidies
(Proconsulaire et Constantinienne) et des Maurétanies. Il leur
accorde l'*evectio publica*, c'est-à-dire le droit de se servir des
postes impériales dans le trajet qui se fera par l'Afrique, la
Maurétanie et l'Espagne. Des avantages semblables sont assurés
aux délégués des donatistes. — Les uns et les autres sont convoqués à Arles pour le 1er août 314, ainsi qu'on va le voir ; ce
qui suppose que la lettre est, au plus tard, du mois de juin de
cette année.

On remarquera que la *Purgatio Felicis* n'était pas encore
achevée.

Aelafius apparaît comme exerçant depuis quelque temps déjà
les fonctions de vicaire, car c'est par lui que l'empereur, dans sa
lettre, dit avoir été averti des récriminations des donatistes : *sed
quum dictationis tuae scripta legissem quae ad Nicasium et
ceteros super iisdem simulationibus gravitas tua mittenda
crediderat, evidenter agnovi..., etc.*

On ne trouve aucune autre trace de ce personnage. Aussi, les
premiers éditeurs du précédent texte n'ont-ils pas hésité à l'identifier avec Ablavius, beau-père de Constant, préfet du prétoire
en 326, consul en 331. C'est l'opinion de Godefroi, dans son
commentaire sur le Code Théodosien ; Tillemont (*Hist. eccl.*, VI,
p. 46), l'a acceptée, ainsi que tous les écrivains plus récents,

---

(1) Œuvres de Saint-Optat, p. 181 ; Saint-Augustin, IX, p. 785.

notamment Morcelli (*Africa christiana*, p. 213). Cependant, le seul manuscrit que nous possédons porte Aelafius, qui, du reste, est un nom chrétien qu'on écrit parfois Elaphius. La correction proposée me paraît donc plus que téméraire ; aussi, crois-je, avec M. l'abbé Duchesne (*Bulletin critique*, 1886, p. 127), qu'il faut la rejeter. Il paraît bien qu'Ablavius était vicaire d'Italie en mai 315 ; mais cela ne suffit pas pour qu'on puisse lui attribuer la même fonction en Afrique pendant l'année 314.

Mentionnons pour mémoire l'opinion de Baluze, qui pense qu'on doit lire Aelianus.

M. Vœlter (*Der Ursprung des Donatismus*, p. 145) estime qu'Aelafius est une erreur de copiste pour Aelius Paulinus.

M. Otto Seek (p. 557) déclare ce document apocryphe. Il trouve étrange qu'en plein été, l'empereur prescrive de faire prendre aux évêques la route beaucoup plus longue par la Maurétanie et l'Espagne qu'on ne suivait ordinairement qu'en hiver. Certaines formules de la lettre lui semblent plus que suspectes. Aelafius lui-même lui paraît être un personnage imaginaire, aussi bien que Nicasius, par l'intermédiaire duquel il aurait fait parvenir son rapport à l'empereur. — Ces raisons ne manquent pas de gravité. Cependant si elles me font douter de l'authenticité du texte, elles ne me font pas douter de l'existence d'Aelafius. On peut forger une lettre apocryphe, mais on ne se hasarde pas à lui donner un destinataire imaginaire, surtout quand ce destinataire n'est autre que le magistrat supérieur de cinq provinces.

Je viens de dire que le synode d'Arles avait été convoqué pour pour le 1ᵉʳ août 314. Contrairement à cette opinion, généralement admise jusqu'ici, M. Otto Seek propose le 1ᵉʳ août 316. (*Anfange des Donatismus*, dans le *Zeitschrift für Kirchengeschichte*, p. 505 et suiv.). C'est un point sur lequel il me faut insister, la fixation exacte de cette date étant capitale pour la chronologie des débuts du donatisme. Voici sommairement les

raisons que donne M. O. Seek : — Eusèbe [1], parlant de la politique inaugurée par Constantin après la défaite de Maxence, loue
ses efforts pour maintenir l'unité de l'Église. Il le montre con-
voquant les synodes où doivent se régler les difficultés, inter-
venant même personnellement dans ces assemblées pour y faire
prévaloir des idées de paix et de conciliation. L'historien chrétien, dit M. Seek, ne peut viser que le synode d'Arles : c'est
la seule assemblée où l'on puisse supposer que Constantin ait,
à cette époque, assisté en personne. Il en donne pour preuve
l'allusion qu'Eusèbe, quelques lignes plus loin, fait à l'intervention de l'empereur dans les polémiques soulevées par les Africains, et surtout le choix d'Arles, ville éloignée de l'Afrique,
mais qui avait l'avantage d'être située en Gaule où Constantin résidait alors. C'est ainsi que, quelques années plus
tard, installé en Orient, il convoquera à Nicée le premier concile œcuménique. — Ces prémisses posées, la réunion ne saurait avoir eu lieu en 314. En effet, le 8 octobre 314, Constantin
livrait à Licinius la bataille de Cibalès, en Pannonie. Que deux
mois auparavant, il ait été occupé à présider tranquillement un
synode à Arles, c'est ce qu'on ne peut supposer, car 1,500 kilomètres séparent ces deux points et, sur sa route, il rencontrait
deux fois les Alpes qu'il lui fallait franchir avec une armée
chargée de tout son matériel. — Même impossibilité en 315,
car on sait qu'au mois d'août, l'empereur était à Rome. — Reste
316. Or, au commencement de l'année, il se trouvait à Trèves.
C'est de là qu'il se dirige ensuite vers l'Illyrie pour ne plus revenir en Gaule.

M. Fünck a répondu à M. Seek (*Die Zeit der ersten Synode
von Arles*, dans le *Theologische quartalschrift*, 1890, p. 296) :
1° M. Seek a tort de considérer les actes dont témoigne Eusèbe
comme se rapportant tous à la période qui suivit immédiatement la victoire de Constantin. L'historien paraît, en réalité,
chercher à caractériser la nouvelle politique en embrassant tout
le règne dans un seul tableau. C'est ce que trahissent certaines
expressions. Ainsi, il parle, au pluriel, des assemblées que

---

(1) *Vie de Constantin*, 1, 44-45.

4

Constantin a convoquées, de celles auxquelles il a assisté personnellement. Or, M. Seek reconnaît qu'on ne peut, pour ces premiers temps, en nommer qu'une seule. Où sont les autres? Il ne s'ensuit donc pas qu'Eusèbe fasse nécessairement allusion à celle d'Arles. — 2° Quant au choix d'Arles, il ne doit vraisemblablement pas être attribué au hasard. Mais qu'on ne s'y trompe pas : il prouve tout au plus que Constantin a eu l'intention d'assister au concile, sans établir qu'il y ait effectivement été. Il est possible qu'entre la convocation et la réunion, les événements politiques l'aient empêché de réaliser son projet. — 3° Dans la lettre des évêques au pape Silvestre, il eût été vraisemblablement fait allusion à la présence de l'empereur s'il y avait été. C'était un fait trop important. Or, il n'y a rien. On peut, à cet égard, faire une comparaison avec la lettre des Pères du concile de Nicée à l'église d'Alexandrie. — 4° M. Seek se borne à dire qu'il est possible que Constantin se soit trouvé à Arles en 316, mais il ne donne aucune preuve positive de sa présence. — 5° On peut peut-être ajouter qu'il est bien difficile qu'il y ait été. Le 4 décembre, on le voit à Sofia, mais nous savons aussi qu'avant, il a fait un séjour à Rome, puis à Milan où il a rendu son jugement sur l'appel des donatistes vers le 10 novembre. Cette dernière affaire même pouvait-elle être instruite et jugée dans un si court intervalle ? — 6° Parmi les membres du synode d'Arles, figure Merocles de Milan ; or, il semble qu'il était déjà mort en 315 (cf. Gams, *Series episcoporum*, p. 795). — En somme, conclut M. Fünck, avec beaucoup de raison, suivant moi, M. Seek n'a fourni aucune preuve à l'appui de sa thèse et il vaut mieux s'en tenir à la date traditionnelle.

DOMITIUS CELSUS. V. A.
315-316

Plusieurs constitutions impériales adressées à Domitius Celsus nous fixent sur la date de son vicariat d'Afrique.

La première porte : *Ad Domitium Celsum vicarium Africea*

(l. 1, *ad legem fabiam*. C. Th , ix, 18 ; — l. 16, *ad legem fabiam de plagiariis.* C. Just., ix, 20). Elle frappe de mort celui qui vole l'enfant d'autrui et est datée du 1er août 315, quatrième consulat de Constantin et de Licinius.

La seconde (l. 1, *de officio judicum*, C. Th , i, 22, édition d'Haenel, et i, 10, d'après Godefroi ; l. 1, *de officio diversorum judicum*, C. Just., i, 48) défend, sous peine de mort, aux magistrats, de faire arrêter, chez elle, par leurs *officiales*, une *mater familias* et de l'amener par force. La date de cette constitution présente une difficulté. D'après le Code Théodosien, elle a été donnée à Trèves, le 11 janvier 316 (*III id. jan. Treviris, Sabino et Rufino coss*) ; le Code de Justinien annonce, au contraire, le 10 août (*III id. aug.*). Godefroi et Haenel optent pour la première date. C'est aussi en ce sens que se prononce M. O. Seek : *Zeitschrift der Savigny Stiftung*, 1889, p. 216.

Elle porte simplement : *ad Domitium Celsum vicarium.*

Deux lettres se rattachant à l'histoire du donatisme sont adressées à Domitius Celsus. — Après le synode d'Arles, qui eut lieu, comme on l'a vu, au mois d'août 314, les donatistes condamnés en appelant à l'empereur lui-même, en dernier ressort (1), celui-ci hésite sur le parti à prendre. Il décide d'abord qu'il fera juger la cause en Afrique par ses représentants ; ensuite, il convoque les intéressés à Rome pour le mois d'août 315. Il dit, dans sa lettre aux donatistes (Saint-Optat, Œuvres, p. 185) : *Hoc mihi placuerat ut ad Africam reverteremini, ut illic omnis causa quae vobis adversus Caecilianum competere videtur ab amicis meis quos*

___

(1) Les donatistes paraissent avoir soulevé devant le synode des difficultés de procédure auxquelles fait allusion la lettre par laquelle Constantin invite les évêques à regaguer leurs sièges : ... *meum judicium postulant qui ipse judicium christi expecto... Redite ad proprias sedes.... Dedi litteras competentes ad eum qui vicariam praefecturam per Africam tuetur ut quotquot hujus insaniae similes invenerit, statim eos ad meum comitatum dirigat....* (Saint-Optat, Œuvres, p. 184). Peut-être arguaient-ils de ce que l'enquête sur Félix d'Aptonge n'était pas encore achevée. — Je dois cependant dire que M. Otto Seek regarde cette lettre de Constantin comme apocryphe (p. 554 et suiv.).

*elegissem, cognosceretur, atque finem reciperet. Verum diu
mihi cogitanti et in animo meo non immerito volventi.....
placuit ut Cecilianus juxta prius litteras meas mox ad fu-
turum.....* M. O. Seek tient encore cette lettre pour fausse.

Cependant, Cecilien, pour une cause inconnue, n'étant pas
venu et les représentants des donatistes s'étant enfuis (1), Constantin annonce, dans sa première lettre à notre vicaire Celsus,
qu'il ira en personne en Afrique, et il lui demande, en attendant, d'user de modération à l'égard des deux partis (2).

Cecilien et les donatistes ayant été convoqués à Rome pour le
mois d'août 315, cette lettre doit être de l'automne suivant. Tel
est l'avis de Tillemont (*Hist. eccles.*, VI, 57) et de Morcelli.

L'autre épitre envoyée à Celsus émane des préfets du prétoire
qui lui annoncent que, sur l'ordre de l'empereur, ils renvoient
en Afrique les évêques donatistes Lucianus, Capito, Fidentius et
Nasutius, ainsi que le prêtre Mammarius, venus en Gaule au
concile d'Arles et qu'on avait cru bon, jusque-là, de retenir
hors de leur patrie (Saint-Optat, Œuvres, p. 187 ; Saint-Augustin, Migne, IX, p. 790) (3). Cette lettre est datée du 4 des kalendes de mai (28 avril) sans indication de l'année. Mais si on la
rapproche du passage cité plus haut de l'épitre impériale à Celsus
(*ante paucos dies..... hoc mihi placuerat ut ad Africam reverteremini....*), on peut conclure qu'elle est visée par ce passage et a été écrite au mois d'avril 315.

En résumé, les documents précités nous donnent les dates
suivantes :

4 des kalendes de mai (28 avril) 315, lettre des préfets du
prétoire ;

Entre cette date et le mois d'août 315, lettre de Constantin
aux évêques donatistes ;

---

(1) Saint-Augustin, ép. 43, ch. 7 ; Migne, II, 169.

(2) M. Seek passe aussi condamnation (pages 556-557) sur ce document qu'on trouve à la suite des Œuvres de Saint-Optat. Cf. édition Dupin, p. 186.

(3) M. Seek rejette également cette pièce (p. 551).

1er août 315, constitution impériale adressée à Domitius Celsus sur les vols d'enfants ;

Automne 315. Lettre de l'empereur à Celsus, lui annonçant son prochain voyage en Afrique ;

11 janvier 316, constitution défendant de pénétrer de force chez une *materfamilias* pour l'arrêter.

EUMALIUS. V. A.
316

Constantin a rendu, à Milan, sa décision dans l'affaire des donatistes. Il l'adresse à Eumalius, alors vicaire, le 10 novembre 316 (1). - (Saint-Augustin, *Ad donatistas post collationem*, ch. 33, Migne, IX, p. 687. — *Breviculum collationis diei III*, chap. 19, Migne, IX, 646. — *Contra Cresconium*, III, 71, Migne, IX, 541).

Il y a, au Code Théodosien, une constitution (l. 2, *de paenis*, IX, 40) reproduite au Code de Justinien (l. 17, *de paenis*, IX, 47) portant le nom d'Eumalius. Aucune dignité n'y est mentionnée. Si j'admets volontiers qu'elle vise le même personnage, je ne puis croire que ce soit en qualité de vicaire d'Afrique. Elle est, en effet, datée du 21 mars 315. Or, à cette époque, la fonction était exercée par Domitius Celsus, qui l'avait encore au mois de janvier 316. M. Seek, corrigeant la date, propose le 21 mars 316.

Il semble que la forme régulière du nom soit Eumelius, du grec Εὐμελιός. Mais tous les manuscrits portent uniformément Eumalius.

---

(1) M. Seek reconnaît l'authenticité de la lettre à Eumalius et accepte la date du 10 novembre 316. Elle concorde assez bien, dit-il, avec celle du concile d'Arles qu'il place, comme on a vu, au 1er août de la même année. Il me semble, cependant, qu'elles se trouvent bien près et qu'on pourrait argumenter contre lui de ce bref intervalle, évidemment insuffisant pour contenir les incidents auxquels il a été fait allusion plus haut : le départ de Cecilien pour l'Afrique, sa nouvelle convocation, sa non comparution, l'examen de l'affaire par l'empereur, etc.

LOCRIUS VERINUS. V. A.

318-321

Plusieurs textes, fournis presque tous par le Code Théodo-sien, nous permettent de reconstituer la carrière de ce person-nage.

Le plus ancien en date, 30 janvier 314, est la constitution 1 *de curatoribus kalendarii* (C. Th., xii, 11) qu'on retrouve au Code de Justinien (l. 2 *de debitorib. civitat.* xi, 32). La dignité de Locrius Verinus n'est pas indiquée ; mais il est certain qu'il n'était pas encore vicaire d'Afrique, dont le titre était alors porté par Aelius Paulinus Verus. Il devait être gouverneur de quel-que province.

Le 16 novembre 318, une seconde constitution est adressée cette fois *ad Verinum vicarium Africae*. C'est la loi 1 *de parri-cidiis* (ix, 15) qui forme la loi 1 au même titre (ix, 17) dans le Code de Justinien. Elle est indiquée comme ayant été reçue à Carthage le 14 mars 319.

Le 18 mars 319, la loi 1 *de falsa moneta* (C. Th., ix, 21) arri-vait également à Carthage, adressée *ad Verinum* (1). Elle édicte contre les faux monnayeurs des peines qui varient avec le rang du coupable : l'exil perpétuel, si c'est un décurion ou le fils d'un décurion, la peine pécuniaire étant réservée à la décision de l'empereur ; la confiscation et la déportation perpétuelle, s'il s'agit d'un simple plébéien ; la mort pour l'esclave.

La loi 1 *de famosis libellis* (C. Th., ix, 34) est du 29 mars de la même année. Elle prescrit de rechercher et de punir les au-teurs de libelles diffamatoires, et la peine leur est applicable alors même qu'ils prouveraient les faits allégués par eux. Gode-

---

(1) La formule : *data et acc(epta) XV kal. april. Constantino A. V et Licinio C. coss* pourrait donner à penser que cette loi a été pro-mulguée et reçue le même jour, ce qui est impossible, Constantin étant alors à Sirmium, en Pannonie, et Verinus à Carthage. Mais il vaut mieux admettre que la date de la promulgation a été omise par un copiste, ou bien que le texte primitif portait : *data et proposita,* etc. — Haenel indique la restitution suivante : *data XV kal apr(iles) et proposita (seu accepta) idibus aprilibus.*

froi pense, non sans quelque vraisemblance, que cette disposition vise spécialement les attaques dirigées par les donatistes
contre les catholiques ; il la rapproche aussi de la loi 2 au même
titre, qui rappelle au proconsul d'Afrique Aelianus (28 mars
320) que les accusations contenues dans un libelle ne peuvent
nuire à celui qu'elles visent, lors même que le libelle serait
gardé dans les archives du proconsul ou du vicaire : *licet ser-
ventur in officio tuo et vicarii, exemplaria libellorum qui in
Africa oblati sunt, tamen eos quorum nomina continent,
metu absolutos securitate perfrui sinas.*

La loi 1 *de in officioso testamento* (C. Th., II, 19) reproduite
au Code de Justinien avec quelques modifications (27 au même
titre, III, 28) est du 13 avril 319. Elle porte simplement : *ad
Lucrium Verinum ;* mais il ne peut y avoir de doute ni sur la
qualité du destinataire, ni sur la correction qu'il faut faire subir
à son nom mal orthographié. Cette loi détermine les frères
auxquels compète la *querela inofficiosi testamenti.* Il faut aussi
sans doute attribuer au même la constitution 1 *familiae ercis-
cundae* (C. Th , II, 24) du 29 août 321. La suscription ne porte,
il est vrai, que les mots *ad Verinum ;* mais il existe des textes
d'où l'on peut inférer qu'il exerçait encore les fonctions de vicaire. Je veux parler de ceux qui font allusion à la lettre que
Constantin lui adressa le 5 mai 321 (1).

La condamnation définitive des donatistes, prononcée à Milan par l'empereur vers le mois de novembre 316 (voir
la notice d'Eumalius), avait été suivie de mesures rigou-
reuses contre eux. En 321, une politique de tolérance succéda
à la précédente. Le texte même de la lettre qui prescrit une
autre attitude à Verinus est perdu ; mais nous lisons dans le
Breviculum collationis cum donatistis, ch. 22 (Œuvres de St-
Augustin, IX, Migne, 648) : ..... *recitantes (catholici) Constantini
litteras scribentis ad Verinum vicarium ut libero eos dimittat
arbitrio,se jussisse insinuans ut de exsilio remearent.* Au chap. 24

____

(1) Godefroi, se trompant sur les consulats, place la loi précitée en
324. M. O. Seek pense qu'elle est du 20 mai 321.

du même traité (ix, 650) : *Catholici dicebant.... post aliquot etiam annos Constantinum scripsisse ad Verinum vicarium, quas litteras ipsi (donatistae) recitaverunt ubi sibi asserebant liberum arbitrium ab illo imperatore concessum, in quibus litteris eos tanquam pessimos et Christianae pacis inimicos ostendit.* — *Adde Epit.*, 141, ch. 9, Migne, ii, 581. Et ailleurs (*Ad donatistas post collationem.* Ch. 33, Migne, ix, p. 687), S¹-Augustin dit encore de cette lettre : *ad Valerium (seu Verinum) vicarium de illorum exsilio soluto et eorum furore deo vindici dimittendo litteras dedit Crispo et Constantino iterum consulibus tertio nonas maias* (1).

Une période nouvelle de l'histoire des luttes religieuses en Afrique va s'ouvrir. Elle durera 25 ans. L'historien serait presque en droit de s'en plaindre, puisque la source la plus abondante de documents sur cette époque va se tarir.

Verinus était, comme on vient de voir, encore en fonctions le 5 mai 321. Nous ignorons à quelle date il quitta l'Afrique. Nous savons seulement qu'il fut préfet de Rome du 12 septembre 323 au 12 janvier 325. Il reçoit à ce titre une constitution : l. uniq. *de his qui veniam aetatis* (C. Th., ii, 17) du 9 avril 324. Il semblerait même qu'il ait été une seconde fois investi de cette charge, car on connaît ses deux successeurs immédiats, et, le 5 avril 326, on trouve une autre constitution qui ne peut guère lui avoir été adressée qu'en cette qualité : l. 2 *de suariis* (C. Th., xiv, 4). Il ne figure cependant plus sur la liste du chronographe de 254. Aussi, pense-t-on généralement que la date a été altérée.

---

(1) On rapporte quelquefois à la même époque une autre lettre de Constantin envoyée aux évêques de Numidie qui s'étaient plaints que les donatistes leur eussent enlevé leur basilique. Constantin leur conseille de se montrer patients et ordonne de mettre un terrain à leur disposition pour construire une nouvelle église. (Œuvres de Saint-Optat, p. 189 ; — Œuvres de Saint-Augustin, Migne, ix, 791). — Je suis assez porté à croire que cette lettre est un peu plus récente, car la spoliation n'a pu avoir lieu qu'après l'exécution de l'édit de tolérance. En tout cas, la date de 317-318 proposée par l'édition précitée de Saint-Augustin me paraît absolument inacceptable, car la politique de Constantin à l'égard des donatistes était alors toute répressive. — Je dois ajouter que M. Otto Seek tient cette pièce pour apocryphe.

Rappelons, en terminant, qu'on l'a quelquefois confondu avec
Verus, le vicaire de la lettre de Constantin à Petronius Probianus,
que nous avons identifié plus haut avec Aelius Paulinus.

Enfin, j'ignore si ce Verinus est le même que celui auquel
Symmaque, le père, consacre l'épigramme suivante (*Symmachi
epist.*, 1, 2) :

Virtutem, Verine, tuam plus mirer in armis,
Eoos dux Armenios cum caede domares,
An magis eloquium morum vitaeque leporem
et — nisi in officiis, quotiens tibi publica curae —
Quod vitam innocuis tenuisti laetus in agris ?
Nullum ultra est virtutis opus, nam si esset, haberes.

URSACIUS, DUX PER AFRICAM.
(vers 320)

L'auteur anonyme de la passion des martyrs donatistes, Donat
et Advocatus, fixe ainsi la date de cet événement: *res apud
Carthaginem gesta est Caeciliano Eudinepiso tunc instante,
assentiente Leontio comite, duce Ursacio, Marcellino tunc
tribuno...* (Œuvres de St-Optat, p. 191). — De ce passage, il
résulte d'abord que Cecilianus Eudinepisus, Leontius, Ursacius,
Marcellinus sont quatre personnages différents et de plus contemporains, qu'ils sont antérieurs à 325 ou 326, date de la mort
de l'évêque Cecilien (car c'est à lui que le texte donne ici le
surnom, ironique semble-t-il, d'Eudinepisus). Le fait est même,
sans aucun doute, antérieur à l'édit de tolérance du 5 mai 321.

Mais j'ai longtemps hésité, je ne dis pas que je n'hésite pas
encore un peu, sur les fonctions respectives de Leontius et
d'Ursacius. En dépit des apparences et malgré l'opinion de
Morcelli et de Bœcking, j'estime que le commandant militaire de
l'Afrique n'est pas Léontius mais Ursacius (1). Le titre de comte

---

(1) Tillemont (*Hist. eccl.*, vi, p. 107) rapporte que Valois (*Bolland*,
1er mars) le considère comme le chef de la milice d'Afrique ; et, lui-
même, il paraît accepter cette opinion.

donné au premier les a trompés ; mais comme je l'ai fait observer, d'après M. Mommsen, dans l'introduction, c'est seulement sous les successeurs de Constantin, ou tout au moins à la fin du du règne de ce dernier, que le nom de *dux* fait place à un autre plus relevé (1).

Un autre texte va nous fournir des données plus précises sur Ursacius. C'est un passage de St-Augustin (*Contra Cresconium,* iii, ch. 30, Migne, ix, 514). Nundinarius, diacre de l'église donatiste de Cirta, ayant accusé Silvanus, son évêque, d'être un traditeur, nous apprenons que l'affaire fut portée devant Zénophilus, consulaire de la province, et devant Ursacius. St-Augustin nous dit qu'il refusa de comparaître : *sed postea, inquis* (c'est à Cresconius qu'il s'adresse), *Ursacio et Zenophilo persequentibus cum communicare noluisset, actus est in exsilium.* Or, les *Gesta apud Zenophilum* qui renferment cette procédure ont été conservés et portent la date du 13 décembre 320 (cf. Tillemont, *Hist. eccl.,* vi, 99 : — Œuvres de St-Optat, p. 167). — On remarquera, au surplus, dans ce texte, qu'Ursacius, qui tout à l'heure faisait acte d'autorité à Carthage, dans l'affaire de Donat et d'Advocatus, a aussi Cirta, capitale de la Numidie, dans son ressort. C'est un nouvel argument pour dire qu'il est bien le commandant militaire de la région.

St-Optat, dans son traité contre Parmenion, fait plusieurs fois allusion au zèle déployé par Ursacius contre les donatistes : *displicent vobis tempora nescio cujus Leontii, Ursacii, Macarii et celerorum... fuit primo tempestas sub Ursacio.. secula*

---

(1) Est-ce à dire qu'il faille voir dans Leontius un fonctionnaire comparable à Annius Tiberianus qui suit ? Je ne le crois pas : Annius Tiberianus, avec des apparences extraordinaires, a les attributions d'un vicaire, tandis que, de 316 à 321, il ne peut être question de rien de pareil, la place étant occupée par Locrius Verinus. Il est vrai qu'il y a une lacune entre 316 et 318. — On ne confondra pas Leontius avec le *dux* Flavius Leontius qui paraît plus ancien et auquel je consacre un article spécial. En revanche, il paraît plus plausible de l'identifier avec Domitius Leontius, préfet du prétoire en 338 et qui était encore dans ces fonctions en 344. Cf. de Vit, *Onomasticon,* v° Leontius, iv et v.

est pluvia sub Gregorio (1) . . . *post pluviam seculi sunt lapides sub operariis unitatis* (iii, 10, p. 67. — Voir aussi Œuvres de Sᵗ-Augustin, Migne, ix, 802). — Et ailleurs : *querelam per ordinem deponitis sub Ursacio injuriatos esse quamplurimos, sub Paulo et Macario aliquos necatos* (iii, 4, *in fine*, p. 62).

Les actes du Concile de Carthage de 411, troisième jour (à la suite des œuvres de Sᵗ-Optat, p. 315. — Œuvres de Sᵗ-Augustin, Migne, ix, 838), contiennent une requête de Januarinus et de plusieurs autres évêques donatistes où il est fait allusion à ces mêmes évènements : *Nam et omittamus quantus sanguis Christianus effusus sit per Leontium, Ursacium, Macarium, Paulum, Taurinum, Romanum, ceterosque executores.*

En résumé, les faits qui précèdent et le commandement militaire d'Ursacius ne peuvent se placer qu'entre les années 316 et 321. Morcelli et Tillemont leur assignent 320. C'est donc à tort qu'on les a parfois datés de 340. Cf. Sᵗ-Optat, édition Dupin, de Vit, *Onomasticon*, vᵒ Leontius, iv.

Le duc Ursacius paraît avoir eu une fin tragique. C'est ce qui résulte du passage de Petilianus conservé par Sᵗ-Augustin et dans lequel sa mort est représentée comme un châtiment du ciel : *Periit Macarius, periit Ursaciusque, cunctique comites vestri dei pariter vindicta perierunt. Ursacium namque barbarica pugna prostratum, saevis unguibus alites canumque avidi dentes morsibus discerpserunt.* (Sᵗ-Augustin *Contra litteras Petilioni*, livre ii, nᵒ 202. Migne, ix, 323). Sᵗ-Augustin ne nie pas les faits, en ce qui concerne du moins Ursacius, car il ajoute : *istum autem Ursacium, si forte bene vixit et vere ita mortuus est, consolabitur promissio Dei dicentis : sanguinem animarum vestrarum exquiram de manibus omnium bestiarum* (p. 328-329).

Quel est ce combat contre les barbares ? On l'ignore. Je suis assez porté à croire qu'il eut lieu en Afrique.

---

(1) Gregorius, préfet du prétoire en 336-339, qui paraît avoir pris, à l'égard des donatistes, ou plutôt peut-être des circoncellions, certaines mesures de rigueur. Cf. Sᵗ Optat, iii, 4. Ces mesures ont précédé l'envoi des *operarii unitatis.*

ANNIUS TIBERIANUS, COMES PER AFRICAM.
(326-327)

Bien que Bœcking (*Notitia dignitat.*, II, p. 510), après Godefroi et Morcelli, ait fait d'Annius Tiberianus le second comte militaire d'Afrique connu (1), il ne faut voir en lui qu'un fonctionnaire d'ordre civil comme Leontius. C'est ici le lieu de rappeler l'observation de M. Mommsen qui, après avoir parlé des *comites Augusti*, dont le titre est tout honorifique, ajoute : *Comites, quibus adscribitur officium certum, non adscribitur nomen Augusti, incipiunt versus finem imperii Constantini Magni ; primumque, nisi quod me fugit, inveniuntur comites per singulas diaeceses constituti ut vice sacra judicarent, omnino vicariis simillimi. (De C. Caelii titulo.* — Cf. Bethmann Hollweg, III, p. 53, note 41).

Les deux constitutions du Code Théodosien que je vais citer et qui sont adressées à Annius Tiberianus vont nous montrer qu'il n'était pas seulement investi de la juridiction et qu'il avait bien les attributions administratives d'un véritable vicaire.

L. 1 *Quemadmodum munera civilia indicantur* (XII, 5). Elle est datée de Nicomédie, 30 juillet 326 et porte comme entête : *Imp. Constantinus A(ugustus) Tiberiano comiti per Africam.* Elle vise les élections municipales et déclare les anciens magistrats responsables du choix de leurs successeurs, bien qu'en Afrique l'usage eut consacré l'élection par le suffrage populaire (*Quamvis populi quoque suffragiis nominatio in Africa ex consuetudine celebretur*).

L. 15 *de decurionibus* (XII, 1) du 21 avril 327, adressée *ad Annium Tiberianum comitem*. Elle le charge de rappeler aux gouverneurs des provinces que les fils des vétérans sont soumis aux charges de la curie dont leurs pères étaient exempts : *Universis provinciarum rectoribus intimato nostram clementiam statuisse veteranorum filios curialibus muniis innectendos....*

---

(1) Leontius serait le premier. Nous avons vu que sur ce point encore Bœcking s'est trompé.

Ce qui caractérise Annius Tiberianus dans ces deux textes, c'est qu'il est l'intermédiaire entre le pouvoir central et les gouverneurs des provinces africaines, auxquels il est chargé de transmettre les décisions impériales. C'est le même fonctionnaire qu'à l'autre extrémité de l'empire, on appelle *comes Orientis*. Seulement, celui-ci gardera son titre, tandis qu'en Afrique, celui de *vicarius* prévaudra et le nom de *comes Africae* passera aux commandants militaires.

En ce qui concerne la personne même d'Annius Tiberianus, nous avons peu de renseignements certains. Godefroi et Bœcking, aussi bien que de Vit, l'identifient avec le destinataire de la constitution 6 *de servis fugitivis* (Code Justin. vi, 1) adressée en 332 : *ad Tiberianum comitem Hisponiarum*. Est-ce le même qu'on retrouve en 336 avec le titre, équivalent suivant moi, de *Vicarius Hispaniarum*. L. 6 *de sponsalib. et donation. ante nupt.* (C. Th., iii, 5) et l. 16 *de donat. ante nupt.* (C. Just., v, 3) ?

N'est-ce pas lui encore qui fut préfet du prétoire des Gaules en 337 ? *Anno Constantini 30, Tiberianus vir disertus praefectus praetorii Gallias regit* (Chronique de St-Jérôme). Je serais porté à le croire. Cependant, Godefroi est d'opinion contraire. Son meilleur argument est que certains manuscrits de la Chronique portent Titianus, au lieu de Tiberianus (Cf. Commentaire de la loi 5 *de sponsalibus*).

Dans la loi 1 *de fundis limitrophis* (C. Just., xi, 59), en 385, il est question d'une décision qui a été rendue par un Tiberianus. Nous ne saurions dire si c'est de celui-ci qu'il s'agit.

FLAVIUS GRATIANUS. C. A.
(vers 330-340)

C'est le père des empereurs Valentinien I et Valens.

Aurelius Victor (*Epitome*, 45) raconte qu'il était originaire de Cibale en Pannonie. De naissance obscure, il avait été surnommé le Cordier (*funarius*), parce que, avant qu'il n'entrât dans l'armée, cinq soldats n'avaient pu lui arracher un câble qu'il allait vendre. L'historien ajoute qu'il arriva à la préfecture du prétoire et que sa popularité dans l'armée valut, plus tard, à son fils, l'offre de l'empire ; mais il n'est pas, dans ce récit, fait allusion aux fonctions que Gratien exerça en Afrique.

Ammien Marcellin est plus explicite. Après avoir rappelé l'humble origine de Gratien et l'anecdote de la corde, qui lui valut le surnom de *funarius*, il ajoute : *Ob ergo validi corporis robur et peritiam militum more luctandi notior multis post dignitatem protectoris atque tribuni*, COMES PRAEFUIT REI CASTRENSI PER AFRICAM, *unde, furtorum suspicione contactus digressusque, multo postea pari potestate britannum rexit exercitum tandemque honeste sacramento solutus revertit ad larem et agens procul a strepitu multatione bonorum afflictus est a Constantio hoc nomine quod, civili flagrante discordia, hospitio dicebatur suscepisse Magnentium per agrum suum ad proposita festinantem* (XXX, 7).

C'est un véritable *cursus honorum* que l'auteur nous donne ici ; suivons-le, puis essayons de placer quelques dates.

Il fut d'abord *protector*, puis tribun.

Comes praefuit rei Castrensi per Africam. Il n'est pas douteux qu'il s'agit ici de la dignité de *dux per Africam*. Le titre de comte d'Afrique n'était vraisemblablement pas encore passé en usage. Il n'y a là, au surplus, rien de commun avec les anciens *praefecti castrorum*. L'Afrique entière est dans son ressort (*per Africam*). Ce qui doit, au surplus, enlever toute hésitation, ce sont les termes dont se sert l'historien pour raconter qu'il fut envoyé en Bretagne : *multo postea*, PARI POTESTATE, *britannum rexit exercitum*. C'est donc le commandement de l'armée d'Afrique qu'il exerçait dans nos provinces. J'ai cité dans l'introduction un autre passage d'Ammien, qui nous dit d'un *magister equitum*, fonctions qui, dans la Gaule, correspondaient à celles des comtes d'Afrique (sauf la question de rang) : *per illas regiones rem curabat castrensem* (XXI, 9).

Sur le titre et les fonctions du comte militaire de Bretagne, Cf. Bœcking (*Notitia dignit.*, II, p. 82 et 580).

Flavius Gratianus rentre alors dans ses foyers. Plus tard, il est frappé d'une nouvelle disgrâce et accusé d'avoir reçu Magnence chez lui, « dans le temps qu'il travaillait à prendre la pourpre », dit Tillemont, qui s'appuie sur les mots *ad proposita festinantem*. Cela nous reporterait aux années 348 ou 349 (1). Je préfère aussi cette date à 351, époque à laquelle, cependant, Constance, à la tête de ses troupes, luttait en Pannonie contre l'usurpateur.

Bœcking, qui donne à Flavius Gratianus le numéro sept parmi les comtes d'Afrique (2), se contente de dire que cette mission est antérieure à 375 (*Notitia dignit.*, II, p. 511). Nous venons de voir qu'elle a précédé l'année 349. On doit même remonter plus haut, car Gratien, retiré dans ses terres, avait été déjà préfet du prétoire et comte de Bretagne. Un long espace avait encore précédé cette fonction de son commandement militaire d'Afrique (*multo postea...*). Il n'y a donc pas témérité à placer ce dernier entre les années 330-340 et plus près de la première date que de la seconde.

Si Flavius Gratianus acheva sa vie dans la disgrâce, les honneurs ne lui manquèrent pas, ou plutôt ne manquèrent pas à sa mémoire, quand ses fils arrivèrent à l'empire. Le sénat de Constantinople lui éleva une statue, en 364 (*Themistius, Oratio*, VI) et Constantine lui rendit le même hommage, si on en juge d'après le fragment d'inscription qui suit (C. I. L., VIII, 7014, Renier, 1851) :

Memoria)e felic(issimae viro atq)ue per omn(ia sæcula cel)ebrando Gra(tiano patri) DD Principumque (nostrorum) Valentiniani et V(alentis no)bilium ac triumfat(orum sem-

____

(1) On sait que Magnence fut proclamé empereur le 18 janvier 350. La mort de Constant fit tomber l'Afrique en son pouvoir. En 352, Constance, après avoir reconquis l'Italie, envoya en Afrique des troupes qui ramenèrent ces provinces sous son autorité. Cette armée fut expédiée d'Egypte et d'Italie. Tillemont, *Hist. des emper.*, IV, p. 378. Cf. l'Empereur Julien. *Premier panegyrique de Constance*, ch. 35. *Second panegyrique*, ch. 18, *in fine*.

(2) Voici sa liste : 1° Leontius ; 2° Tiberianus ; 3° Taurinus ; 4° Silvester ; 5° Cretio ; 6° Romanus ; 7° Gratianus Major ; 8° Gildo ; 9° Gaudentius ; 10° Bathanarius ; 11° Heraclianus ; 12° Constans ; 1 nus ; 14° Maurianus ; 15° Bonifacius ; 16° Sigiswultus ; 17° D

per Au)gustorum juxta C.... statuam dedicar.... Dracontius V(ir) C(larissimus, Vices agens p)er Africanas (provincias) curante Valerio v(iro) e(gregio) sacerdotale.

On lira plus loin la notice consacrée au vicaire Antonius Dracontius.

Symmaque *(Laudatio imperatoris Valentiniani I,* 3) fait, sans le nommer, une allusion flatteuse à Flavius Gratianus.

L. ARADIUS VALERIUS POPULONIUS
(vers 335)

L. Aradius est un proconsul d'Afrique, et, à ce seul titre, nous n'aurions pas à nous occuper de lui ici s'il n'avait pas été chargé, pendant son proconsulat, des fonctions de vicaire. C'est, en effet, un de ces exemples d'intérim auxquels j'ai fait allusion dans l'introduction de ce mémoire. Je renverrai, pour ce qui concerne l'étude plus approfondie de sa carrière, à Morcelli, aux *Fastes de la province romaine d'Afrique,* de Tissot, n° 167, et à M. Mommsen, *de C. Caelii Saturnini titulo.* Je ne noterai ici que ce qui touche au point spécial qui nous occupe.

Cet intérim est mentionné dans une longue inscription du C. I. L., vi, 1690. — Orelli, 3672. Voici le passage qui nous intéresse :

L. Aradio Val. Proculo...... proconsuli provinciae Africae, vice sacra judicanti, — eidemque judicio sacro per provincias proconsularem (1) *et Numidiam, Byzacium ac Tripolim itemque Mauretaniam Sitifensem et Caesariensem perfuncto officio praefecturae praetorio....*

C'est sans doute ce qui lui vaut le titre de *praefectus Libyae* dans une autre inscription. C. I. L., vi, 1694 :

Hic bis (2) *praefectus patriae praefectus et idem*

------

(1) J'avoue que je ne vois pas bien pourquoi on mentionne ici la Proconsulaire, où la préfecture du prétoire n'avait rien à voir.

(2) En 337 et en 350-352.

Hic Libyae idem Libyae proconsul......

L. Aradius exerça ces fonctions avant 337, date à laquelle nous le trouvons préfet de la ville de Rome. Tissot place son proconsulat vers 335. On ne sait s'il en resta longtemps investi. On ignore également la durée de l'intérim de vicaire que mentionnent les textes précités.

FABIVS (?) ACO [1] CATULLINUS
PHILOMATIUS. V. A.
337-338 (339 ?)

Deux personnages du nom d'Aco Catullinus ont exercé de hautes fonctions dans l'empire pendant la première moitié du quatrième siècle. Si, contrairement à l'opinion de Godefroi, qui les confond, on est d'accord aujourd'hui pour les distinguer et y voir le père et le fils, on est cependant loin de s'entendre quand il s'agit d'attribuer certains textes à l'un ou à l'autre.

Pour Tissot *(Fastes de la province romaine d'Afrique,* n° 157), Aco Catullinus l'ancien, consulaire de Byzacène en 314, proconsul d'Afrique en 315-319, revint dans nos provinces en 338 comme vicaire et fut ensuite préfet de Rome de 342 à 344. Son fils, Fabius Aco Catullinus, est le consul collègue de Limenius en 349.

Suivant une autre opinion, la carrière du père s'arrête au proconsulat d'Afrique qu'il exerça, comme on a vu, de 315 à 319. C'est son fils Fabius Aco Catullinus Philomatius qui fut vicaire d'Afrique en 338-339, préfet du prétoire en 341,

---

(1) Il s'est élevé une curieuse controverse sur la forme exacte de ce nom. Tandis qu'au Code Théodosien, on trouve toujours Aconius, les inscriptions donnent invariablement Aco ; il en est de même du chronographe de 354. Les inscriptions ne nous étant parvenues que par des copies anciennes, les épigraphistes avaient généralement préféré la leçon Aconius. Un fragment récemment découvert en Tunisie paraît trancher définitivement la difficulté en faveur de la forme Aco. Cf. René Cagnat : *Note sur le praefectus urbi qu'on appelle à tort Aconius Catullinus,* dans les *Mélanges de l'École française de Rome,* tome VII, 1887.

préfet de la ville en 342-344, consul en 349 (de Vit, *Onomasticon*, I, p. 43).

Après quelque hésitation, j'opte pour la seconde explication. Je ne vois pas de raison pour préférer la première ; j'en trouve, au contraire, en faveur de la seconde. Cette disparition d'Aco Catullinus en 319 pour reparaître subitement en 338 est singulière. De plus, nous le laisserions proconsul d'Afrique pour le voir revenir dix-neuf ans après dans la fonction de vicaire qui est indubitablement inférieure. Si nous avons quelques exemples d'un vicaire devenu proconsul, l'hypothèse inverse ne s'est, je crois, jamais présentée. Enfin, si le vicaire de 338-339 est le même que le préfet du prétoire de 341 et le préfet de la ville de 342-344, il est tout naturel de l'identifier avec le consul de 349 (1).

Sans chercher à remonter plus haut que son vicariat d'Afrique, nous suivrons notre Aco Catullinus jusqu'en 349.

Le texte qui paraît le plus ancien est la loi 2 *de honorariis codicillis* (C. Th., VI, 22), adressée par Constance, *Aconio vicario Africae*. Elle a été reçue à Thamugas (2) par son destinataire, le 16 mai 338, sous le consulat d'Ursus et de Polemius, mais a été signée le 7 novembre de l'année précédente, ce qui permet de faire remonter au moins jusqu'en 337 l'entrée en fonctions de Catullinus. Cette loi édicte des peines contre ceux

---

(1) Ce qui précède était déjà à l'impression quand j'ai eu connaissance de l'étude de M. Cagnat et rien ne pouvait m'être plus agréable que d'aboutir aux mêmes conclusions que lui. Cependant, le savant professeur au Collège de France me pardonnera, j'en suis sûr, de mettre le lecteur en garde contre une de ses formules. Quand il dit que les fonctions de vicaire et celles de proconsul d'Afrique sont à peu près équivalentes, quand il tire, dans ce but, argument du rang de *spectabilis* que ces fonctionnaires occupent l'un et l'autre, il avance d'au moins un demi-siècle. C'était vrai au temps de la Notice. Mais il ne faut pas oublier qu'un peu avant 320, le vicaire d'Afrique n'était encore que perfectissime, tandis que le proconsul avait rang de clarissime. Faut-il croire qu'en vingt ans, les deux fonctions soient devenues équivalentes ? Mon avis est que le proconsul a toujours eu le pas, même au temps où tous les deux étaient *spectabiles*. J'ajouterai qu'en 340, ce dernier titre, si je ne me trompe, n'existait pas encore.

(2) Godefroi fait à tort de Thamugas en Numidie une ville de la Tingitane.

qui fuient la curie pour courir après d'autres dignités : *quicunque fugientes obsequia curiarum umbras et nomina adfectaverint dignitatum*... On sait que les curies étaient devenues peu à peu une source de charges onéreuses et que ceux qui en faisaient partie par la naissance usaient de tous les expédients pour s'y soustraire. Les lois contre ces contumaces sont nombreuses dans le Code théodosien et dans celui de Justinien. Il est permis de supposer, par celle-ci et par d'autres analogues, que les provinces d'Afrique, où la constitution municipale était si forte et si prospère un siècle auparavant, souffraient particulièrement de la désorganisation.

La constitution 5 *de operibus publicis* (C. Th., xv, 1), reproduite par la loi 1 au Code Justinien au même titre (viii, 12), du 27 juillet 338, porte cette curieuse suscription : *imperatores Constantius et Constans Augusti, Have Catulline*. Cette constitution interdit aux *judices* (les gouverneurs des provinces) d'accorder des dispenses de coopérer aux *opera publica*, la connaissance des cas de cette nature étant réservée à l'empereur.

L'objet des lois 26 et 24 *de decurionibus* (xii, 1) est encore d'empêcher la désertion des curies. La première est reçue à Carthage, le 1er novembre 338. La loi 24, signée le 12 décembre de la même année, reproduit une partie de la loi 2 *de codicillis* dont il a été question un peu plus haut.

La constitution 4 *quorum appellationes non recipiuntur* (C. Th., xi, 36) est du 29 août 339. Elle dénie, dans certains cas, le droit d'appel à ceux qui ont été convaincus d'adultère et est adressée simplement *ad Catulinum*. Celui-ci était-il encore vicaire d'Afrique ? Godefroi le pense en s'appuyant sur ce que le nom de Constant, à qui le gouvernement de l'Afrique était échu, figure dans la rubrique de ce texte.

On trouve, enfin, la mention *ad Catulinum vicarium* en tête de la loi 7 au Code de Justinien *de excusationibus munerum* (x, 47). Cette loi, non datée, est, dans certaines éditions, attribuée peut-être à tort par la rubrique à Constantin. Notons en passant qu'elle est curieuse, car elle exempte des *munera* un certain nombre de professions : *negotiantes vestiaros, linteones, purpurarios et parthicarios qui devotioni nostrae deserviunt, visum est secundum veterem consuetudinem ab omni munere immunes esse.* On remarquera, dans cette énumération, la mention des *purpurarii*, industrie toute africaine.

Il me reste à indiquer sommairement les textes se rapportant aux fonctions qu'Aco Catullinus exerça dans la suite :

Comme préfet du prétoire : l. 1 *de tabulariis* (C. Th., VIII, 2), du 24 juin 341. Elle est reproduite par la loi 31 *de decurionibus* (C. Th., XII, 1).

Comme préfet de la ville (fonction qu'il occupa du 7 juillet 342 au 11 avril 344) loi 3 *de paganis* (C. Th., XVI, 10), datée du 23 octobre 342.

Nous avons dit qu'il fut, enfin, consul avec Limenius en 349.

L'inscription suivante paraît se rapporter à sa fille (C. I. L., VI, 1780 ; Orelli, 2361 ; Gruter, 309, 3°) :

Fabiae Aconiae Pauliniae c(larissimae) f(eminae), filiae Aconii Catullini v(iri) c(larissimi), ex praef(ecti) et consule ord(inario), uxori Vettii Praetextati v(iri) c(larissimi), praef(ecti) et consulis designati..., etc.

L'inscription au C. I. L., II, 2635, qui est païenne, se rapporte vraisemblablement à Aco Catullinus le père : *I(ovi), O(ptimo), M(aximo) Aco Catullinus, vir consularis, praeses prov(inciae) Calleciae. Pro salute sua suorumque omnium posuit* (1).

---

(1) A ne consulter que la rubrique de la loi 28 *de decurionibus* (C. Th., XII, 1), édition de Godefroi, la charge de vicaire d'Afrique aurait été exercée, le 26 novembre 339, par Anatolius. Mais la loi 19 *de appellationibus* (C. Th., XI, 30), qui est un fragment de la même constitution, lui donne le titre de vicaire d'Asie. De ces deux allégations, la seconde seule est exacte. Nous possédons un *cursus honorum* assez complet d'Anatolius (de Vit, *Onomasticon*, I, p. 285) ; or, il n'y est fait mention que du vicariat d'Asie. De plus, nous avons vu qu'Aco Catullinus était encore en fonctions le 29 août 339 ; nous allons voir que Petronius s'y trouvait le 9 avril 340. Ces deux dates sont bien rapprochées pour y intercaler Anatolius.

PETRONIUS. V. A.
340

Il n'est connu que par une constitution datée d'Aquilée, du 9 avril 340, dont deux fragments ont été insérés au Code Théodosien : l. 3 *de dilationibus* (II, 7), reproduite au Code de Justinien ; l. 6 au même titre (III, 11), et l. 3 *de advocato fisci* (x, 15). Cette constitution a trait aux procès entre le fisc et les particuliers. Le premier fragment fixe certains délais de procédure ; le second vise les fraudes et collusions des avocats chargés de défendre le fisc.

En tête de ce dernier, on lit le seul nom de Constance ; l'autre porte celui de Constantin le jeune et celui de Constant. Il y a là une double erreur : 1° dans la loi 3 *de dilationibus*, Haenel propose avec raison *Constantius et Constans*, au lieu de *Constantinus et Constans*, car il est à peu près certain que Constantin II fut tué avant le mois d'avril. On remarquera, de plus, que la constitution est datée d'Aquilée ; or, Constance était absent quand Constantin le jeune fut mis à mort et n'arriva dans cette ville qu'après l'événement ; 2° dans la loi 3 *de advocato fisci*, le nom de Constant, dans le lot duquel l'Afrique était placée, doit figurer à côté de celui de Constance. Haenel n'a pas osé faire cette addition, mais elle s'impose au commentateur.

Il me semble qu'il n'y a pas à se préoccuper, quoique Godefroi y insiste, de ce que l'un des textes porte la date du 5, l'autre celle du 6 des ides d'avril ; cette légère différence me paraît négligeable et, du reste, elle n'existe que dans certains manuscrits.

TAURINUS. C. A.
Avant 344

Une note placée dans l'édition Migne des Œuvres de Saint-Augustin (IX, au bas de la colonne 801) nous présente le comte Taurinus et le comte Sylvester comme ne faisant qu'une seule personne. J'ignore de qui est l'observation, mais il y a là une erreur certaine et qui tient à ce que le passage de Saint-Optat (III, 4) qui nomme ces deux comtes n'a pas été bien compris, car l'intervention de Taurinus me paraît se rapporter à des faits qui ont précédé l'envoi en Afrique des *operarii unitatis* Paul et Macaire, dont nous nous occuperons plus tard.

Saint-Optat, racontant leur arrivée, nous montre Donat, l'évêque schismatique de Bagai, qui tente de leur opposer une résistance à main armée et fait appel aux circoncellions, contre lesquels les évêques donatistes eux-mêmes avaient auparavant demandé le secours du bras séculier : *praecones per vicina loca et per omnes nundinas misit, circumcelliones agonisticos nuncupans, ad praedictum locum ut concurrerent, invitavit ; et eorum illo tempore concursus est flagitatus, quorum dementia* PAULLO ANTE *ab ipsis episcopis impie videbatur esse succensa.* Alors, l'évêque catholique explique l'allusion : *nam quum hujus modi hominum genus* ANTE UNITATEM *per loca singula vagarentur, quum Axido et Fasir ab ipsis insanientibus sanctorum duces appellarentur, nulli licuit securum esse in possessionibus suis....* Le mal avait été tel, que les donatistes eux-mêmes avaient sollicité l'intervention du comte Taurinus : *unde quum vestrae partis episcopis tunc invidia fieret, Taurino* TUNC COMITI *scripsisse dicuntur hujus modi homines corrigi in ecclesia non posse ; mandaverunt, ut a supradicto comite acciperent disciplinam. Tunc Taurinus ad eorum litteras, ire militem jussit armatum per nundinas, ubi circumcellionum furor vagari consueverat. In loco Octavensi occisi sunt plurimi, detruncati sunt multi, quorum corpora usque in hodiernum per dealbatas aras aut mensas potuerunt numerari* (1).

Et voilà, reprend Saint-Optat, où Donat prit les éléments de la résistance qu'il opposa à Macaire : *sic invenit Donatus Ba-*

---

(1) On sait que c'était l'usage, chez les chrétiens, d'élever des autels sur la sépulture des martyrs. Les circoncellions ne manquèrent pas d'honorer comme tels ceux qui tombèrent sous les coups du comte Taurinus.

*gaiensis unde contra Macarium furiosam conduceret tur-
bam*. Il nous ramène ainsi, après cette courte digression, aux
operarii unitatis qui, pour se défendre, sont obligés de recourir au comte Sylvester.

Le doute n'est donc pas possible : Taurinus et Sylvester sont
deux personnages différents, je crois l'avoir démontré. Du même coup, j'ai dit à peu près tout ce que l'on sait sur le premier. Son nom revient quelquefois dans les polémiques, mais
nous n'apprenons pas grand'chose de plus. Au commencement
de ce même livre III, un passage de Saint-Optat pourrait nous
donner à penser que Taurinus travailla avec les *operarii unitatis*. « A la vérité, dit-il aux donatistes, bien des rigueurs ont
été exercées par les artisans de l'unité ; mais pourquoi les im-
putez-vous à Leontius, à Macarius et à Taurinus? Imputez-les
plutôt à vos prédécesseurs, » — *Ab operariis unitatis mulla
quidem aspere gesta sunt, sed ea quid imputatis Leontio
Macario vel Taurino ? Imputate majoribus vestris.*
Il est évident que les mots *operarii unitatis* sont pris dans un
sens large et ne font pas allusion aux seuls commissaires de
Constant, car Leontius nous est connu : nous l'avons vu à l'œuvre, en 320, avec Ursacius et Zenophilus (1).

Le nom de Taurinus figure encore, à côté de ceux de Macarius et des évêques Mensurius et Caecilianus, au livre III, chap.
XXV, de la réponse de Saint-Augustin à la lettre de Petilien (Migne, IX, 362). Je pourrais faire une observation analogue.

Maintenant, est-il possible d'assigner une date à l'action de
Taurinus contre les circoncellions? Malheureusement non. Le

---

(1) C'est pour n'avoir pas pris garde à cela que tous les historiens,
à commencer par Tillemont, ont commis les plus graves confusions.
Je n'en citerai que deux exemples : dans le *Dictionary of Christian
Biography*, de Smith et Place (v° *Donatism.*), on suppose deux personnages du nom d'Ursacius. Tillemont *(Hist. ecclés.,* VI, p. 107)
hésite, se demandant si l'on doit placer Leontius avant Ursacius, ou
s'il faut le rejeter sous Constance. Quant à Taurinus, il le présente
comme postérieur à Macaire. En réalité, il y a eu deux tentatives
d'unité : l'une vers 320, l'autre après le concile de Sardique, et, quand
il est fait allusion, dans les textes, à ceux qui furent chargés de l'o-
pérer, on les classe plutôt en raison de l'énergie déployée qu'en tenant compte des dates.

texte précité nous apprend seulement que ce fut un peu avant l'arrivée de Paul et de Macaire (*paullo ante*). Quant aux circoncellions, il est impossible de dire l'époque à laquelle ils commencèrent à paraître. Morcelli en parle pour la première fois, sous l'année 317. — Tillemont (*Hist. eccl.*, VI, p. 96) pense que « cette manie » a commencé sous Constantin. « Il est certain, par Saint-Augustin, dit-il, que c'était dès le temps que les payens exerçaient encore librement et publiquement les cérémonies de leur religion ; ce qu'on sait que Constantin a tenté d'empêcher par diverses lois (1). De plus, Saint-Augustin dit encore que ce fut par la violence des circoncellions que les donatistes se conservèrent leurs églises malgré les décisions impériales qui les en privaient après que la cause fut terminée et qu'ils se furent séparés de l'Église. Il est visible que Saint-Augustin entend en cet endroit les lois que fit Constantin après avoir condamné les donatistes et non pas ce qui peut être arrivé sous Constant après la venue de Macaire, puisqu'il marque ce que les circoncellions firent sous Constant comme un nouveau crime postérieur au premier. » — L'auteur cite à l'appui trois passages de l'évêque d'Hippone : Épit. 185, ch. IV et suiv. — *Contra Gaudentium*, I, ch. 28. — *Contra epistolam Parmeniani*, I, ch. 11.

Ni ces arguments, ni ces textes ne me paraissent, je l'avoue, très probants. Saint-Augustin, qui ne fait, en somme, qu'une œuvre de polémique et n'écrit pas une histoire, se plaît, pour les besoins de la cause, à confondre les circoncellions avec les donatistes. Il est certain que, dès la période de 315 à 320, ceux-ci usèrent de la violence contre l'exécution de la décision impériale qui les proscrivait et voulait les déposséder de leurs basiliques. La secte des circoncellions existait-elle déjà ? Il est permis d'en douter.

Pour en revenir à Taurinus, le texte de Saint-Optat paraît

---

(1) Sur la question de savoir si Constantin a réellement proscrit le culte payen, voir : Duc de Broglie, *l'Église et l'Empire Romain au IV* siècle*, tome I, *in fine*. Eclaircissement E. — L'auteur pense qu'il n'y eut pas de proscription générale, mais qu'en fait, des restrictions nombreuses furent apportées à l'exercice du culte ancien. Ainsi s'accorderaient les témoignages contradictoires des contemporains.

m'autoriser à supposer qu'il était en Afrique vers 340 et presque sûrement avant. le concile de Sardique qui eut lieu à la fin de 343 (1). — On va voir pourquoi dans la notice du comte Sylvester, un de ses successeurs.

EUBOLIDAS. V. A.
344

Son nom figure en tête d'une constitution de Constance (et de Constant, voir la notice de Petronius), datée du 29 juin 344, qui tend à la répression de certains abus. L. 2 *de concussionibus advocatorum* (C. Th., VIII, 10), reproduite l. 2 *de lucris advocator.* (Cod. Just., XII, 62). Les empereurs s'y plaignent de ce que les *officiales* et les *scholastici* (avocats) exigent gratuitement des Africains des prestations auxquelles ils n'ont pas droit : *multa a provincialibus afris indignissime postulantur ab officialibus et scholasticis, dum ipsis et animalibus eorumdem alimoniae sine pretio ministrantur.* Les *scholastici*, ajoute le texte, se font aussi payer des honoraires exagérés. Aussi, rappelle-t-on qu'aux *judices* (les gouverneurs) incombe le devoir de défendre les intérêts de leurs administrés contre ces exactions.

D'aucuns pensent que la vraie forme du nom de ce vicaire est Eubulidas ou Eubulides.

On remarquera l'en-tête du texte : *Imp. Constantius A(ugustus) Eubolidae v(iro) c(larissimo) vicario Africae.* Les vicaires sont montés d'un degré dans la hiérarchie. Est-ce une réforme

---

(1) On a longtemps placé le concile de Sardique en 347 (Tillemont, *Hist. ecclés.*, VI, p. 108). Mais Maffei a publié, en 1742, des fragments de Saint-Athanase, d'où il semblait résulter que cette date était inexacte. Mansi, dans sa collection des conciles, propose déjà 344. Des découvertes nouvelles faites, au commencement de ce siècle, par le cardinal Maï, ont résolu définitivement la question en faveur de 343. En effet, un fragment de chronique placé en tête des *Epistulae paschales* de Saint-Athanase (Migne, II, 1314) nous apprend que le concile eut lieu sous le consulat de Placidus et Romulus. On sait, d'autre part, qu'il eut lieu à la fin de l'année. Clinton (*Fasti romani*) n'a vraisemblablement pas vu ce passage, car il donne encore la date de 346. Morcelli, qui écrivait avant la découverte de Maï, propose, comme Tillemont, 347. Cf. sur cette question le *Dictionary of Christian Biography*, de Smith et Place, vº Athanasius, et le duc de Broglie, *l'Eglise et l'Empire Romain au IVe siècle*, III, p. 66, 4e édition.

récente? Je crois avoir montré, dans l'introduction, contrairement à l'opinion commune, que cette mesure paraît remonter à l'année 320 environ.

SYLVESTER. C. A.

Nous arrivons, enfin, aux *operarii unitatis*.

L'empereur Constant ayant envoyé en Afrique Paul et Macaire dans le but ostensible de distribuer des aumônes, mais, en réalité, pour travailler à la réunion des donatistes aux catholiques, ses envoyés furent arrêtés dans l'accomplissement de leur mission par la résistance de Donat, évêque donatiste de Bagaï (1). Celui-ci ne recula même pas devant l'emploi de la force et, ralliant les circoncellions, barra la route aux arrivants qui durent demander l'appui du comte d'Afrique, qui s'appelait alors Sylvestre : *hoc metu deterriti, qui thesauros ferebant quos pauperibus erogarent, invenerunt in tanta necessitate consilium ut a Sylvestro comite armatum militem postularent, non per quem alicui vim facerent sed ut vim a Donato supra memorato episcopo dispositam prohiberent* (III, 4).

Une première collision eut lieu. L'avant-garde de la troupe impériale fut repoussée. Mais dans une action plus sérieuse, plusieurs circoncellions trouvèrent la mort. Leur nombre ne serait pas grand, si nous en jugeons par ce mot de St-Optat (III, 4) : *querelam per ordinem deponitis... sub Paulo et Macario* ALIQUOS *necatos*. Quoi qu'il en soit, c'est à cet incident ou à ses suites que se rapporte la mort du prêtre Marculus et de Donat qui est vraisemblablement l'évêque de Bagaï. Le « martyre » de Maximien et d'Isaac est de la même époque, semble-t-il, mais

---

(1) Ce Donat ne doit pas être confondu avec l'évêque de Carthage. Celui-ci, quand Paul et Macaire se présentèrent, se contenta de protester en paroles violentes contre eux et contre l'immixtion de l'empereur.

aurait eu Carthage pour théâtre (1). — De l'aveu du narrateur donatiste, Macaire n'aurait usé de violence qu'en Numidie ; dans les autres provinces, il se serait contenté de recourir à la ruse. (*Passio Marculi*. Œuvres de Saint-Optat, p. 195, col. 1) : *sed Macarius.... quum hoc negotium sanguinis in reliquis provinciis per subtilitatem diu attentasset, in Numidia tamen et erga Marculum gloriosum aperta crudelitatis barbarae et inauditae feritatis indicia publicavit.*

Quoi qu'il en soit, le passage précité de Saint-Optat a sauvé de l'oubli le nom du comte Sylvester. Mais nous ne savons ni ce qu'il avait été, ni ce qu'il devint, ni s'il portait un autre nom.

Est-il possible, d'un autre côté, d'assigner une date à son commandement et, par là-même, à la mission de Paul et Macaire ? Un point incontestable, c'est que cette mission est antérieure à la mort de Constant, qui eut lieu en janvier 350 ; car le concile de Carthage, qui suivit « l'œuvre d'unité », eut lieu du vivant de ce prince. — L'évêque Gratus, de Carthage, qui préside ce concile, s'exprime, en effet, ainsi : *Gratias deo omnipotenti et Christo Jesu qui* DEDIT MALIS SCHISMATIBUS FINEM, *et respexit ecclesiam suam, ut in ejus gremium erigeret universa membra dispersa, qui imperavit religiosissimo Constanti imperatori ut votum gereret unitatis et mitteret ministros sancti operis famulos dei Paulum et Macarium.* — D'un autre côté, il est certain également que cette mission est postérieure au concile de Sardique. L'épître 44 de Saint-Augustin le prouve. Le saint y raconte une conférence qu'il eut avec Fortunius, évêque de Tubursicum. Celui-ci alléguait

---

(1) Les catholiques et les donatistes étaient loin de s'entendre sur les circonstances de la mort de Donat et de Marculus. Il y a un récit donatiste du martyre de Marculus (à la suite des Œuvres de St-Optat, p. 193). Voir aussi le traité *de schismate Donatistarum*, du même, III, passim. — Saint-Augustin : *Contra litteras Petiliani*, II, ch. 14 et 20 (Migne, IX, 268 et 274) ; *In Johannis evangelium tractatus*, 11, *in fine* (III, 1483) ; *In Crescentium*, III, ch. 49 et 50 (IX, 526 et suiv.). On trouvera également, à la suite des Œuvres de St-Optat, un récit donatiste de la passion de Maximien et Isaac, p. 197. Il est enfin curieux que, par suite d'une confusion, Donat et Marcule aient été inscrits sur des martyrologes catholiques. — Cf. Tillemont, *Hist. ecclés.*, VI, p. 711.

que les donatistes étaient restés en communion avec les églises transmarines jusqu'au jour de la persécution de Macaire. *Respondit tamdiu transmarinarum partium ecclesias mansisse innocentes, donec consensissent in eorum sanguinem quos Macarianam persecutionem pertulisse dicebat.* Et, comme son adversaire lui demandait des preuves, il produisit des actes du concile de Sardique qui n'étaient, en réalité, que ceux du pseudo-concile tenu par les Ariens après qu'ils se furent retirés. *Tunc protulit quoddam volumen, ubi volebat ostendere Sardicense concilium ad episcopos Afros, qui erant communionis Donati dedisse litteras.* Quoi qu'il en soit de certains détails, il résulte bien de la discussion que la persécution de Macaire est postérieure à la fin de 343, puisqu'elle rompit, au dire de Fortunius, une communion qui existait encore à cette date.

Les historiens modernes s'accordent pour dire que l'envoi de Paul et de Macaire fut décidé sur les instances de Gratus, lors du voyage qu'il fit en se rendant au concile de Sardique en 343 (1). Ce n'est qu'une hypothèse, mais une hypothèse très vraisemblable que confirme l'auteur de la *Passio Marculi* quand il présente la persécution « Macarienne » comme ayant éclaté subitement : *Ecce subito de Constantis regis tyranniae domo et de palatii ejus arce pollutum Macarianae persecutionis murmur increpuit.* (Œuvres de Saint-Optat, p. 195).

Les actes des martyrs donatistes fournissent une indication précieuse au point de vue chronologique. Il est fait mention dans ceux de Maximien et d'Isaac du xviii des kal. de septembre qui tombait un samedi. Or, l'année 347 est la seule de celles entre 344 et 350 où l'on voie concorder ces deux dates. Il en est de même pour la *Passio Marculi*, qui aurait eu lieu le iii des kalendes de décembre et un dimanche ; elle nous conduit également à l'année 347. Il est vrai qu'il existe pour cette dernière une variante qui parle du viii des kalendes, mais le manuscrit.

---

(1) Ce voyage est attesté par Gratus lui-même dans le concile précité de Carthage.

qui la donne est du x111e siècle, tandis que celui qui indique le
111 appartient au ixe siècle, ce qui le rend plus digne de foi.

***

CAESONIANUS. V. A.
348

Le nom de ce vicaire ne se trouve jusqu'ici que dans un seul
texte, la loi 2 *de officio vicarii* (C. Th., 1, 15) du 28 septembre
348, qui recommande de porter rapidement à la connaissance
de l'empereur les rapports des gouverneurs et les questions
qu'ils posent.

En tête de cette constitution, on ne lit que le nom de Constance. D'aucuns pensent qu'il faut suppléer celui de Constant,
auquel le gouvernement de l'Afrique avait été dévolu.

***

CRETIO. C. A.
350-361

Nous avons une constitution de Constance, datée du 27 juin
350, adressée *Ad Cretionem, virum clarissimum comitem,*
prescrivant de réintégrer dans leurs corps respectifs les soldats
qui ont obtenu *l'honesta missio* avant l'accomplissement du
temps légal et ne sont pas incapables de servir. L. 4 *de re militari* (C. Th., vii, 1).

Ammien Marcellin fait allusion au rôle joué, onze ans plus
tard, par le comte Cretio, lorsque Julien prit le titre d'Auguste
(xxi, 7). Constance, effrayé, cherche à circonscrire la révolte.
Pour prévenir une tentative dont l'Afrique serait l'objet, il envoie le secrétaire d'État Gaudentius (*notarium misit Gaudentium*), le même qui avait été chargé, dans les Gaules, de surveiller Julien. L'obéissance de cet agent, dit l'historien, lui semblait assurée par deux motifs, par les sujets de plainte qu'il avait
donnés aux partisans de Julien et par l'empressement naturel de

se faire bien venir de celui qui avait toutes chances de réussir, car c'était une conviction générale que Constance aurait le dessus. Gaudentius, aussitôt arrivé, se mit à l'œuvre. Il transmit par lettres des instructions tant au comte Cretio qu'aux autres autorités et se fit fournir par les deux Maurétanies une cavalerie légère excellente, avec laquelle il protégea efficacement tout le littoral en regard des Gaules et de l'Italie : *qui quum eo venisset, mandatorum principis memor, per litteras Cretione comite, quid ageretur, edocto, reliquisque rectoribus lecto, undique milite fortiore, translatisque ab utraque Mauritania discursatoribus expeditis, Aquitaniae et Italiae objecta littora tuebatur artissime.*

Constance, ajoute Ammien, avait bien choisi son homme, car, tant que Gaudentius administra le pays, pas un soldat ennemi n'en approcha.

Il est encore fait allusion au commandement du comte Cretio, à propos de son fils, en 365 (Ammien Marcellin, XXVI, 5). La révolte de Procope venait d'éclater ; Valentinien en avait reçu la nouvelle à Paris, le jour des kalendes de novembre. Obligé de rester dans cette partie de l'empire pour tenir tête aux Allemands qui en menaçaient les frontières, il se préoccupa, comme autrefois Constance, de défendre l'Afrique contre toute tentative des révoltés. Il en confia la défense au secrétaire d'État Neotherius, depuis consul, et à Masaucion, simple protecteur, il est vrai, mais qui avait fait sous le comte Cretio, son père, une longue étude de la province : *sollicitus super Africa ne repente perrumperetur Neotherium postea consulem tunc notarium, ad eamdem tuendam ire disposuit et Masaucionem domesticu protectorem eam consideratione quod diu sub patre Cretione quondam comite educatus, suspecta noverat loca...*

Nous ignorons l'époque exacte à laquelle Cretio cessa ses fonctions ; mais ce fut vraisemblablement quand Julien triompha définitivement par la mort de Constance. Nous verrons que Gaudentius et le vicaire Julianus furent alors envoyés au supplice. Il n'est pas fait mention du comte d'Afrique, mais s'il ne fut pas frappé aussi sévèrement, du moins dut-il subir la disgrâce du prince contre lequel il avait défendu sa province.

A quelle date remonte l'entrée en fonctions de Cretio ? Le doute naît de ce que la constitution précitée de 350 lui donne seulement le titre de comte. Godefroi, qui pose la question, pense qu'il faut suppléer *comes rei militaris*. Mais l'était-il déjà de l'Afrique comme en 361 ? Je crois qu'il faut répondre affirmativement jusqu'à preuve du contraire et je m'appuie sur le texte d'Ammien Marcellin parlant de son fils : DIU *sub patre Cretione quondam comite educatus, suspecta noverat loca.*

Q. CLODIUS HERMOGENIANUS OLYBRIUS
354

Ce n'est pas un vicaire, mais un proconsul d'Afrique qui paraît, quoique j'aie quelques doutes (1), avoir, comme L. Aradius Valerius Populonius en 335, exercé par intérim les fonctions de vicaire. C'est du moins ce que permettrait de supposer la loi 7 *de cursu publico* (C. Th., VIII, 5) du 4 août 354, qui le charge de rappeler aux gouverneurs des provinces que nul, en dehors des *agentes in rebus* envoyés pour la mise en mouvement des troupes, n'a le droit d'exiger des *paraveredi* (2) sur les routes et traverses où le service n'est pas régulièrement établi. *Praelata jussione nostra provinciarum rectores excellentia tua commoneat ut, exceptis agentibus in rebus qui ad movendum*

---

(1) Il semble, en effet, comme je le dis, d'ailleurs, qu'à une époque qui n'est pas nettement déterminée, le service des postes publiques de toute l'Afrique ait été centralisé et confié au proconsul.

(2) « Les réquisitions sur les routes latérales ou de traverse où le service n'était pas régulièrement établi retombaient incontestablement sur les cités dont ces routes traversaient le territoire. » Les chevaux de poste requis dans ce cas s'appelaient *paraveredi*, par opposition aux *veredi* (chevaux de poste des grandes routes). Daremberg et Saglio, vᵒ *Cursus*, p. 1660, col. 2. — Voir aussi Audollent, *Les Veredarii*, dans les *Mélanges d'archéol. et d'hist. de l'école de Rome*, 1889, p. 249 et suiv.

militem (1) *consueverunt quisquis alius paraveredum exegerit non ei cedat impune sed nec illi qui dederit.*

Pour le surplus, voir Tissot, *Fastes de la prov. rom. d'Afrique*, n° 176. Voir aussi ce que j'ai dit dans l'introduction, à propos du *Cursus*, ainsi que le commentaire de la loi 15 *de cursu publico*, plus loin, notice de Claudius Avitianus.

MARTINIANUS. V. A.
358

Le 22 mai 358, Constance, alors à Sirmium, prescrivait à Martinianus, vicaire d'Afrique, de faire rentrer dans les curies ceux qui avaient trouvé le moyen de s'y soustraire par l'obtention du titre de perfectissime ou de comte (l. 44, C. Th., *de decurionib.*, xii, 1).

Un mois plus tard, le 22 juin, une autre constitution, adressée au même officier, édicte une disposition analogue applicable aux decurions qui se sont réfugiés dans l'armée, y eussent-ils acquis le titre de vétéran. L. 45 au même titre.

Quelques jours après, nous retrouvons le nom de Martinianus en tête d'une loi (datée de Mursa, 27 juin 358) qui déclare que le titre de *sacerdos provinciae* n'exempte pas des charges municipales. Cette loi, notons-le en passant, est curieuse à un autre point de vue, car elle nous montre une dernière transformation du sacerdoce provincial. Le prêtre n'est plus qu'un fonctionnaire chargé de la gestion des temples et de leurs dépendances ; leur élection n'est plus faite que par le collège des *advocati*. — Voir ma dissertation sur les *Assemblées provinciales et le Culte provincial dans l'Afrique romaine.*

Enfin, la loi 5 *de vectigalibus* (C. Th., iv, 12), du 14 juillet 358, fait abandon du quart des *vectigalia* aux provinces et aux cités africaines : *ut ex his moenia publica restaurentur vel sar-*

---

(1) D'après Godefroi, les mots *militem movere* font allusion à deux cas : 1° la levée d'auxiliaires pour le service de l'État ; 2° la conduite de troupes pour l'accomplissement d'une mission.

ciendis tectis substantia ministretur. Elle est adressée *ad Martinianum vicarium Africae* et porte comme formule finale : *Data epistola ad v(irum) c(larissimum) vicarium....*

JULIANUS. V. A.
360-361

Il nous est déjà connu. Nous avons vu qu'il était en Afrique en même temps que le comte Cretio, quand Gaudentius y fut envoyé pour la défendre contre les tentatives de Julien, récemment proclamé empereur à Lutèce (Ammien Marcellin, xxi, 7). Nous avons vu également qu'à la mort de Constance (3 novembre 361), Julien fit mettre à mort Gaudentius et le vicaire Julianus, dont le seul crime avait été d'être fidèles au prince légitime (Ammien Marcellin, xxii, 11).

Il est difficile de dire autre chose de certain sur Julianus. A la vérité, on trouve au Code Théodosien plusieurs personnages de ce nom qu'on pourrait être tenté d'identifier avec lui ; mais ce ne serait que pure hypothèse. Néanmoins, je vais les citer ; le lecteur aura ainsi sous la main toutes les pièces du procès et sera à même, le cas échéant, de les utiliser.

La loi 3 *de fide testium* (C. Th., xi, 39), l. 9 au Code Justin., *de testibus* (iv, 20), est adressée *ad Julianum praesidem.* La province dont il était gouverneur n'est pas indiquée. Cette constitution est datée du 24 août 334.

La loi 23 *de decurionibus* (C. Th., xii, 1), du 11 octobre 338, est aussi envoyée à un Julianus. Sa fonction n'est pas énoncée, mais d'après le contexte, ce devait être un *praeses*, comme dans la précédente constitution. Ce texte vise, en effet, les décurions qui ne se présentent pas à la curie après leur nomination.

Enfin, la loi 1 *de decuriis urbis Romae* (C. Th., xiv, 1) a également pour destinataire un Julianus. Elle est signée du 25 février 357 et reçue à Rome le 15 mai. Godefroi, sous ce texte, pense qu'on est en présence d'un *praefectus urbi* et il tire argument de l'objet de la constitution, de ce qu'elle est reçue à Rome, de ce que l'empereur appelle Julianus *tua sublimitas.* Il est vrai qu'à cette date, nous ne trouvons pas de préfet de la ville portant ce nom. Mais Borghesi répond à l'objection en proposant de biffer purement et simplement le nom de Julianus pour y substituer celui de Julius Tertullus *(OEuvres,* iii, p. 477). La solution est un peu hardie, je l'avoue ; mais on ne peut guère dire autre chose pour la réfuter.

Je répète qu'il est difficile de soutenir que tous ces textes se rapportent au même personnage, car à cette époque, le nom de Julianus est porté par plusieurs hauts fonctionnaires de l'empire. Tel est, par exemple, Julianus, *consularis Phoeniciae* en 362. L. 52 *de decurionibus* (C. Th., xii, 1).

CLAUDIUS AVITIANUS. V. A.

362-363

Quatre constitutions, ou plutôt quatre fragments d'une même constitution datée d'Antioche, le 26 octobre 362, reçue à Carthage le 18 mars 363, sont adressées *ad Avitianum vicarium Africae.* Ce sont : 1° la loi 1 *de indulgentiis debitorum* (C. Th., xi, 28) qui porte remise de toutes les dettes envers le fisc, sauf celles ayant pour objet de l'or ou de l'argent. La date de ce fragment est complète et est ainsi exprimée : *Data VII kal. nov. Antiochiae. Acc(epta) XV kal. april. Carthagine Juliano A(ugusto) IV et Sallustio cons(ulibus).*

2° La loi 15 *de cursu publico* (C. Th., viii, 5) pose le principe que la disposition des personnes préposées au *cursus publicus* appartient au proconsul. *Mancipium cursus publici dispositio proconsulis forma teneatur.* Elle défend, en outre, d'exiger des chevaux ou des transports sur les routes qui ne font pas partie du réseau impérial et vise spécialement ceux qui seraient tentés de faire transporter les marbres des particuliers avec les véhicules des habitants. *Ne otiosis aedium cultibus provincia-*

lium patrimonia fortunaeque lacerentur. Il paraît difficile, en présence de ce texte, de soutenir que l'autorité du proconsul sur le *cursus publicus* était restreinte à la Proconsulaire. Notre loi a toute l'apparence d'un rappel aux principes adressé au vicaire qui a commis un empiètement. Pour le surplus, voir l'introduction et la notice consacrée à Q. Clodius Hermogenianus Olybrius.

La date de la loi 15 est tronquée et porte seulement : *Data VII kal. nov. Antiochiae, Juliano A. IV et Sallustio cons (ulibus)* Mais, comme l'observe Haenel, la correction ne saurait faire de difficulté quand on compare ce fragment aux trois autres. De plus, la suscription porte le nom de Julien qui, on le sait, était déjà mort le 7 des kal. de novembre 363. La date mentionnée ne peut donc dans sa partie finale viser que la réception de la loi.

3° La loi 2 *de itinere muniendo* (C. Th., xv, 3) constate que l'entretien des chemins incombe parfois aux riverains et qu'à cet égard, il faut se conformer aux anciens usages. La date est entière et conforme à celle (la loi 15 *de cursu publico*) susmentionnée.

4° La loi 7 au Code de Justinien *de aedificiis privatis* (viii, 10) est, à la vérité, datée du 27 octobre (6 des kalendes de novembre), mais il n'est pas douteux que ce chiffre doit encore être rectifié et qu'on doit lire 7 des kalendes. Rapproché de la constitution 6 au même titre, ce fragment forme une véritable loi de conservation des monuments : *nemini columnas, vel statuas cujuscunque materiae, ex alia eademque provincia vel auffere liceat vel movere.* Le destinataire est ainsi indiqué dans la vulgate : *ad Vitianum vicarium Africae.* Cette erreur, qu'on s'accorde à corriger, ne me paraît pas devoir faire admettre l'attribution, par Godefroi, au même Avitianus, d'un autre texte du Code Justinien (l. 1 *de diversis praediis urbanis*, xi, 69). La rubrique porte : *Imp. Julianus A. Attico*, ou, d'après l'édition de Mommsen et Krueger, *Atarbino*, sans date, ni indication de dignité. C'est vraiment insuffisant. Cf. de Vit, *Onomasticon*, v° **Avitianus** et **Atticus**, xi.

Il me paraît aussi difficile d'identifier notre vicaire avec un Avitianus dont parle Sulpice Sévère (Dialog., III, 3-8).

En revanche, c'est bien de lui qu'il s'agit dans Ammien Marcellin (XXVII, 7) qui nous dit qu'en 368, il accusa de concussion Mamertin, préfet du prétoire, et amena sa disgrâce : *Mamertinum praefectum praetorio ab urbe regressum, quo quaedam perexerat correcturus, Avitianus* EX VICARIO *peculatus detulerat reum.* Il semble, d'après ce passage, qu'Avitianus n'ait plus exercé aucune fonction depuis son départ d'Afrique, puisque l'historien ne trouve pas d'autre qualification à lui donner que celle d'ancien vicaire. En tous cas, il ne recueillit pas la succession de celui qu'il poursuivait, car le successeur de Mamertin fut Vulcatius Rufinus, l'ancien consulaire de Numidie, dont nous avons étudié la carrière dans les fastes de cette province.

Rien ne nous a jusqu'ici indiqué qu'Avitianus portât un autre nom. Mais une inscription trouvée, il y a quelques années, en triple exemplaire, à Constantine, a appris qu'il s'appelait aussi Claudius :

Claudius Avitianus, comes primi ordinis, agens pro pra (efe)ctis basilica (m Cons)tantinam cum porticibus et tetrapy(lo con)stituend(am a) solo perfi(ciendam) q(ue c)uravit.
— C. I. L., VIII, 7037. — *Rec. de Const.*, 1869, p. 677.

Des deux autres exemplaires, l'un est au *Corpus*, sous le n° 7038 ; l'autre paraît n'avoir jamais été publié. Cf. *Corpus*, VIII. *Additamenta*, p. 965. — *Rec. de Const.*, 1878, p. 313. C'est en comparant ces exemplaires entre eux qu'on a pu reconstituer le texte ci-dessus.

On remarquera le titre donné au vicaire : *Comes primi ordinis, agens pro praefectis.*

ROMANUS
363-372

Jovien régnait encore *(Joviano tunc imperante),* dit Ammien Marcellin (XXVIII, 6), quand les Austuriani ravagèrent les envi-

rons de Leptis la grande ; les Leptitains se hâtèrent de deman-
der des secours au comte Romanus qui venait d'être envoyé en
Afrique : *praesidium imploravere Romani comitis per Africam
RECENS PROMOTI.* — Voilà une date. Jovien, en effet, fut pro-
clamé à la fin de juin ou au commencement de juillet 363 et
Valentinien reçut l'empire après sa mort, le 26 février 364. On
peut, par conséquent, reporter cet événement à la fin de 363. —
Bœcking *(Notitia dignit.,* p. 510) se trompe donc quand il dit
d'Ammien : *ad annum 370 eum (Romanum) comitem per
Africam recens promotum appellat.*

Le comte Romanus, que les historiens, et Ammien Marcellin
en particulier, nous présentent sous un jour peu flatteur, se
rendit à cet appel. Mais, quand il s'agit de se porter sur les
points ravagés, il exigea qu'on lui remit, au préalable, d'im-
menses approvisionnements en vivres et quatre mille chameaux.
Les Leptitains étant hors d'état de remplir ces conditions exor-
bitantes, le comte se retira purement et simplement après être
resté chez eux dans une inaction prétendue forcée.

La réunion annuelle de l'Assemblée provinciale de la Tripolitaine ayant eu lieu, on décida d'envoyer deux députés à l'empereur. Valentinien venait d'être proclamé : *Severum et Flaccianum creavere legatos, victoriarum aurea simulacra Valentiniano ob imperii primitias oblaturos.* Ce don de joyeux avènement est encore une date et nous transporte au printemps de
364.

Alors commencent des intrigues destinées à étouffer les réclamations des opprimés. Ammien Marcellin raconte l'affaire en
détail. Je ne ferai qu'indiquer les points saillants. Le comte Romanus dépêche un courrier à son parent Remigius, maître des
offices auprès de l'empereur. Quand les députés arrivèrent, les
allégations contenues dans leur mémoire étant en contradiction
avec les dires de Remigius, on remit jusqu'à plus ample infor-
mé pour prendre une décision. On se contenta de confier provisoirement les pouvoirs militaires dans la province dévastée à
son gouverneur, Ruricius ; mais cet état de choses dura peu ; Ro-

manus ne tarda pas à reprendre le commandement et les Austuriens recommencèrent leurs ravages.

Une nouvelle députation fut envoyée à l'empereur. Elle rencontra à Carthage la première composée de Flaccianus et Se-
verus. Mais celle-ci ne lui apprit rien, sinon que la connaissance
de la cause était déférée au vicaire et au comte d'Afrique : *Severum apud Carthaginem inventum et Flaccianum superio-
res illos legatos, percunctando, quid egerint, cognoverunt
eos audiri a vicario jussos et comite.* Les deux envoyés n'en con-
tinuèrent pas moins leur route, se dirigeant vers la cour impériale.

Cependant, Valentinien, ému par les nouveaux ravages des
Austuriens, avait envoyé le tribun et notaire Palladius pour
qu'il se rendît compte des faits par lui-même. Romanus, com-
prenant quel danger pouvait en résulter pour lui, dépêcha aussitôt un de ses affidés à chacun des chefs de corps (*numerorum
principiis*), leur conseillant de faire sous main de bonnes remises, sur les fonds de la solde, à l'envoyé de l'empereur. Celui-ci se laissa prendre au piège et accepta l'argent. S'étant ensuite rendu compte des misères de la province et ayant reconnu
sur qui pesaient les responsabilités, il revint, invectivant contre
la négligence du comte et menaçant de tout dire à l'empereur.

C'est là que Romanus l'attendait. Il menaça Palladius de ré-
véler à l'empereur les détournements faits par lui sur la solde.
Effrayé par cette menace, Palladius promit son appui et, à son
retour, fit un rapport défavorable aux Leptitains. De terribles
châtiments atteignirent bientôt les auteurs d'une plainte prétendue injuste. Le gouverneur Ruricius, les survivants des deux
députations, les chefs de la municipalité de Leptis en furent les
innocentes victimes. Nous laisserons Ammien Marcellin termi-
ner son récit en racontant qu'un jour, le mensonge fut reconnu
et ceux qui l'avaient ourdi châtiés. Nous constaterons seulement
le triomphe de Romanus.

Nous avons vu que l'invasion des Austuriens est de la fin de
363, que la première ambassade vers l'empereur partit au prin-

temps 364. Il est vraisemblable de rapporter à 370 le dernier acte de la sanglante tragédie, c'est-à-dire la mort de Ruricius et des envoyés ou magistrats Leptitains. C'est à cette date, du reste, qu'Ammien Marcellin place la narration qui précède.

Cette hypothèse est, du reste, confirmée par un autre passage du même auteur (xxvii, 9). Sous l'année 368, il fait allusion aux événements qui se déroulaient alors en Afrique, auxquels, dit-il, il consacrera plus tard une notice spéciale. Voici le tableau que provisoirement il trace de cette province : « L'Afrique, depuis l'avènement de Valentinien, était désolée par les barbares dont les insolentes incursions y répandaient le meurtre et le pillage. Les maux du pays, fomentés par le relâchement de la discipline, étaient encore aggravés par la cupidité qui s'emparait de toutes les âmes et dont le comte Romanus donnait à tous l'exemple, tout en sachant rejeter sur d'autres l'odieux de ses exactions. Haï pour sa cruauté, cet homme l'était encore plus pour l'infâme calcul avec lequel il prenait les devants sur les ravages de la guerre et mettait ensuite sur le compte de l'ennemi la ruine du pays, œuvre de ses propres mains. Ces dégradations étaient protégées par la connivence de son parent, Remigius, maître des offices, qui avait l'art de présenter à Valentinien, sous un jour tout différent, la déplorable condition de l'Afrique, et qui, par ses rapports mensongers, sut longtemps mettre en défaut la pénétration dont se piquait le prince. Mon intention est, du reste, de réserver pour une relation spéciale, etc. »

Il faut, je crois, rapprocher des incidents que je viens d'esquisser une constitution de 369, l. 6 *de legatis et decretis* (C. Th., xii, 12), adressée à Claudius, proconsul d'Afrique, et qui refuse le privilège des postes impériales aux députés qui viennent trouver l'empereur sans motif sérieux : *non cum necessariis desideriis et probabilibus rebus*.

La loi 13 *de diversis officiis* (C. Th., viii, 7) est adressée par les trois augustes Valentinien, Valens et Gratien : *ad Romanum comitem Africae*. Elle est du 29 juin 372.

Mais à ce moment, l'Afrique était le théâtre de graves événements dont la responsabilité pesait lourdement sur le comte Romanus, si nous en croyons encore Ammien Marcellin (XXIX, 5). Il s'agit de la révolte de Firmus. Elle éclata en 372. Le livre XXIX d'Ammien porte, il est vrai, la date de 371. Mais son contenu embrasse trois années, car le livre XXX porte l'année 374. Du reste, cette partie du texte de l'historien nous est arrivée très mutilée.

Il m'est encore impossible de faire le récit de la campagne contre Firmus. J'en rappellerai seulement ce qui a trait au comte Romanus (1). — Nubel, un petit prince tributaire des Maurétanies, venait de mourir. Parmi ses nombreux enfants, l'un d'eux, Zamma, avait la préférence du comte Romanus : il fut tué traîtreusement par Firmus, son frère. Le comte d'Afrique, désireux de le venger, employa tous les moyens dont il disposait et trouva encore l'appui du maître des offices, Remigius, pour nouer une intrigue dont le résultat devait être la mise hors la loi de Firmus qui essaya, mais vainement, de faire parvenir sa justification jusqu'à l'empereur, et qui, perdant patience, finit par se mettre en état d'insurrection : *quae cum ad obruendam defensionem suam agitari animadverteret Maurus, ultimorum metu jam trepidans, ne amandatis, quae praetendebat, ut perniciosus et contumeliosus condemnatus decideretur, ab imperii ditione descivit* (2).

La révolte présentait de la gravité, puisqu'on appela immédiatement pour la réprimer un des premiers officiers de l'empire, le *magister equitum* Flavius Theodosius, père de Théodose le grand.

Le comte Théodose venait de Germanie où il était en 371.

____

(1) Cf. Berbrugger. *Les époques militaires de la grande Kabylie.*

(2) Il semble même qu'il ait pris le titre d'auguste. Zozime, IV, 6, et Ammien Marcellin, sont favorables à cette opinion que défend M. Otto Seek, dans son édition de Symmaque, p. XLVIII, texte et note 150. Il pense, notamment, que le nom de Firmus Auguste se trouvait en tête de l'inscription de Guelma (C. I. L., VIII, 5338). Les lettres de Symmaque contiennent de fréquentes allusions à la révolte de Firmus.

C'est même ce qui nous permet de fixer, à peu de choses près, la date de l'insurrection et sa répression en 372 (Clinton, *Fasti romani*). Il partit d'Arles et débarqua à Igilgitane (Djidjelli) qui dépendait de la Maurétanie Sitifienne. Son arrivée n'avait pas été annoncée. Le hasard, dit Ammien Marcellin, lui fit rencontrer le comte Romanus, avec lequel il conversa d'un ton doux, ne touchant que légèrement aux reproches auxquels ce dernier s'attendait. *Ibique inventum casu Romanum, leviter adlocutus, misit ad vigilias ordinandas et praetenturas, parum super his quae verebatur increpitum.*

Mais, dès que Romanus fut parti pour Cesarée (Cherchel), Théodose commença à sévir. Il donna d'abord l'ordre à Gildon, frère de Firmus, et à Maxime, d'arrêter Vincentius, le lieutenant du comte d'Afrique, qui était notoirement complice de ses spoliations et de ses crimes. *Quo ad Caesariensem digresso, Gildonem Firmi fratrem et Maximum misit correpturos Vincentium, qui curans Romani vicem, incivilitatis ejus erat particeps et furtorum.* Enfin, ayant reçu les troupes que l'état de la mer avait retenues, il se dirigea sur Sitifis, d'où il enjoignit aux *protectores* de garder la personne de Romanus et sa suite. *Recepto itaque tardius milite, quem amplitudo morabatur maris, Sitifim properans, Romanum cum domesticis custodiendum protectoribus committi mandavit.*

Le comte Romanus disparaît désormais de l'histoire. Ammien Marcellin parle, un peu plus loin, de son successeur, mais il ne dit pas quelle fin eut le coupable. Quant à son lieutenant, Vincentius, il semble qu'il ait échappé aux poursuites de Gildon et de Maxime et qu'il ait obtenu plus tard son pardon. En effet, après avoir raconté les succès de Théodose et la première soumission de Firmus, l'historien ajoute : *quae cum rumores veri distulissent, provinciae rectores tribunusque Vincentius e latibulis, quibus sese commiserant egressi, tandem intrepidi ad ducem ocius pervenerunt. Quibus gratanter ille visis atque susceptis...,* etc.

Zozime, dans son *Histoire romaine* (IV, 16), parle aussi de

Romanus. Les Africains, dit-il, ne pouvant supporter les exactions que Romanus, investi du commandement militaire, faisait
en leur contrée, revêtirent Firmus de la robe impériale et le
proclamèrent empereur. Dès que Valentinien en eut appris la
nouvelle, il fit passer en Afrique les troupes de Pannonie et de
Mésie. Bœcking, p. 510, remarque justement que ce passage a été
presque toujours mal traduit. On l'a, en effet, interprété en ce
sens que Romanus était *magister militum*. Or, Zozime s'exprime
ainsi : .... Ῥωμανοῦ πλεονεξίαν τοῦ τὴν στρατιωτικὴν ἔχοντός ἐν
Μουρουσίοις ἀρχήν.

Orose (VII, 33) commet également une erreur quand il fait de
Théodose un comte d'Afrique. Il était, nous l'avons vu, *magister equitum* et avait sous lui le comte Romanus. Ammien nous
le montre donnant des ordres à celui-ci et à son successeur.

On a vu, par la loi 13 *de diversis officiis* (C. Th., VIII, 7),
citée plus haut, que Romanus était encore en fonctions le 1er
juillet 372.

Les donatistes le comptaient au nombre de leurs persécuteurs :
*quantus sanguis christianus effusus sit per Leontium, Ursa-
cium, Macarium, Paulum, Taurinum,* ROMANUM *ceterosque
exsecutores...,* disent les évêques donatistes dans leur lettre à
Marcellinus en 411 (Saint-Optat, Œuvres, p. 315. — Saint-Augustin, Migne, IX, 838). Saint-Augustin répond ailleurs à une
accusation de ce genre : *Macarius vero et Taurinus et Romanus quidquid vel judiciaria vel exsecutoria potestas adversus eorum obstinatum furorem pro unitate fecerunt, secundum leges eos fecisse constat....* (*Contra litteras Petiliani,*
III, ch. 25. — Migne, IX, 362).

La politique ne fut, du reste, pas étrangère à ces poursuites,
car, lors de la révolte de Firmus, les donatistes avaient pris
parti pour ce dernier. De là, le nom de *Firmiani* qu'on leur
donnait. *Memento,* dit Saint-Augustin à Emeritus, *quod de Ro-
gatensibus* (1) *non dixerim qui vos Firmianos appellare*

______

(1) Firmus, ardent défenseur des donatistes persécuta les rogatis-
tes, une des nombreuses sectes qui s'étaient formées dans le donatisme.

*dicuntur, sicut nos Macarianos appellatis. Neque de Ru-
catensi* (1) *episcopo vestro, qui cum Firmo pactus perhibetur
incolumitatem suorum ut ei portae aperirentur et in vasta-
tionem darentur catholici....* (Épît. 87, x. Migne, ii, 301) (2).

Le comte Romanus n'a évidemment rien de commun avec le
personnage païen mentionné dans l'inscription suivante de Souk-
Ahras (*Rec. de Const.*, xxii, p. 110 ; *Ephemer. epigr.*, v, 793) :
*Iocoloni deo patrio, M Mevius Romanus comes Aug(usti)
n(ostri), v(ir) egr(egius).*

ANTONIUS DRACONTIUS
364-367

Nous ignorons son origine et les débuts de sa carrière. Mais
des textes législatifs nombreux et deux inscriptions permettent
de le suivre pendant son vicariat d'Afrique. Je m'occuperai d'a-
bord des constitutions impériales que je présenterai dans l'ordre chronologique :

L. 9 *de exactionibus* (C. Th., xi, 7). Elle est signée à Andri-
nople le 13 mai, reçue à Carthage le 24 septembre 364. Elle
défend au vicaire de laisser les *ducenarii* lever les impôts : *du-
cenariis ab exactione provincialium..... probabilis sinceritas
tua jubebit arceri.* Dans l'administration financière du Bas-Em-
pire, comme chez nous, on distinguait le recouvrement de l'impôt direct foncier confié aux *susceptores* et la poursuite en cas
de retard dont étaient chargés des agents spéciaux, *exactores*, appelés plus spécialement *ducenarii* ou *centenarii* quand ils appar-
tenaient à l'*officium.* (Humbert, *Essai sur les finances romaines*,

---

(1) De Rusicade, Philippeville.

(2) Aux mesures coercitives contre les donatistes, provoquées,
semble-t-il, par leur action dans la révolte de Firmus, correspondent
la loi 1 *ne sanctum baptisma*, du 23 février 373, et la loi 2 au même
titre, du 27 octobre 377. — Notons aussi quelques lois qui paraissent
se lier avec l'insurrection : l. 6 *de re militari* (C. Th., vi, 1) et l. 64
de decurionibus (C. Th., xii, 1), adressées *Mauris Sitifensibus*, le
24 avril 373.

II, pages 11, 38, 271, note 518. Cuq, *Études d'épigr. juridiq.*, p.
44). L'empereur s'élève contre une confusion d'attributions
préjudiciable aux contribuables. On rapprochera ce texte du
passage où Ammien Marcellin dit que Valentinien I ménagea
singulièrement les provinces en allégeant pour elles le poids
des impôts (xxx, 9).

L. 33 *de appellationibus* (xi, 30) donnée à Aquilée le 12 septembre, reçue par Dracontius à Tacape (Gabès) le 14 novembre
364. Elle frappe d'une amende de vingt livres d'or le gouverneur *(judex)* qui néglige de recevoir un appel. Godefroi observe, à ce propos, que l'amende n'est pas prononcée et pour-
suivie par l'officium du *rationalis*, mais par celui du vicaire,
juge d'appel *(vice sacra judicans)*, par rapport au gouverneur.
Je ne crois pas que ce texte vise exclusivement la Tripolitaine;
la date, à mes yeux, ne prouve qu'une chose : c'est que Dracontius se trouvait à Tacape (Gabès), ville de son ressort, quand
il reçut la constitution impériale. Le mot *judicum* est au pluriel et sans restriction. Il s'agit donc de tous les gouverneurs
indistinctement qui sont sous les ordres du vicaire.

La loi 15 *de operibus publicis* (C. Th., xv, 1) a été envoyée
de Milan le 16 des kal. de mars (14 février) 365 et prescrit de
réparer les anciens édifices avant d'en construire de nouveaux.

La loi 10 *de cohortalibus* (C. Th., viii, 4) interdit aux *principes* et aux *corniculari* de vendre leur charge si ce n'est à leurs
adjutores. 30 mars 365 (1).

La loi 9 *de susceptoribus* (C. Th., xii, 6), relative aux *susceptores* de l'annone. Elle a été reçue à Constantine le 31 août
365. Elle ne vise pas spécialement, pour cela, la Numidie.

La loi 10 *de jure fisci* (C. Th., x, 1) condamne à la restitution au quadruple ceux qui sont coupables de connivence avec
les agents prévaricateurs du fisc. Cette constitution a été reçue
(2) à Hadrumete le 17 novembre 365.

---

(1) Cf. Lécrivain, *De quelques institutions du Bas Empire*, dans
les *Mélanges d'archéol. et d'hist. de l'École de Rome*, 1889, p. 363
et suiv.

(2) Le manuscrit dit par erreur *data*; mais il est certain que Valentinien n'était pas en Afrique à cette date.

Les lois 10, 11, 13 *de annona et tributis* (C. Th., XI, 1) rè-
glent des questions relatives à la perception de l'impôt. Elles
sont toutes de l'année 365. Les deux premières, des 17 mai et
17 juin, sont datées de Milan. La troisième a été donnée à Paris
le 18 octobre 365 et reçue à Carthage par Dracontius le 17 janvier 366.

La loi 4 *de praediis naviculariorum* (C. Th., XIII, 6) est du
28 avril 367. Elle vise les charges qui incombent aux détenteurs
de biens appartenant aux corporations de *navicularii*.

La loi 3 *de ponderatoribus* (C. Th., XII, 7), sur l'épreuve de
l'or remis au fisc, est datée de la veille des nones d'août (4
août), *post consulatum Gratiani et Dagalaiphi*, ce qui nous reporte à l'année 367, ce consulat étant de 366.

Enfin, la loi 16 *de annona et tributis* (XI, 1) est datée du 24
novembre 367. On remarquera que, comme la précédente, cette
constitution, adressée à Dracontius, ne mentionne pas son titre
de vicaire ; rien cependant ne s'oppose à ce qu'on le supplée.

L'épigraphie nous fournit sur Dracontius deux documents.

L'un nous permet de compléter son nom. C'est une inscription de Msa'adin, l'ancienne Furni, ainsi conçue (C. I. L., VIII,
10,609, complété par l'*Ephemer. epigr.*, V, 518) :

*Clementissimo principi ac totius o(rbi)s Aug(usto Do-
mino) n(ostro) Valentini(a)no, — proconsul(atu) Festi v(iri)
c(larissimi) simul cum Antonio Dracontio v(iro) c(larissimo)
ag(ente) v(ices) p(raefecti) p(raetorio), — Ordo Furnitanus
consecravit.*

On remarquera une particularité de ce texte : il fait figurer
sur un monument de la Proconsulaire le nom du vicaire qui n'y
a aucun pouvoir et n'y exerçait aucune juridiction. Il faudrait
admettre, suivant les annotateurs du *Corpus*, qu'en ce lieu, le
proconsul et le vicaire exerçaient simultanément l'autorité de
préfet du prétoire. Cette explication ne me satisfait nullement :
pourquoi, à Furni seulement, ce partage d'autorité ? On invo-
que un précédent, mais nous avons vu que L. Aradius Populonius, proconsul, exerçait par intérim les fonctions de vicaire ;

or, ici, il ne peut être question d'intérim, puisque le texte implique exercice simultané de la fonction. J'aime mieux dire que je ne sais pas. — Ce dont je suis sûr, c'est que cette inscription nous reporte aux années 366 ou 367, pendant lesquelles Festus Hymetius fut proconsul d'Afrique.

Le second texte épigraphique mentionnant Dracontius a été découvert à Constantine, C. I. L., VIII, 7014 (Renier, 1851) :

(Memoriae aeterna)e felic(issimae viro atq)ue per omn(ia saecula cel)ebrando Gra(tiano patri) D(ominorum) principumque (nostrorum) Valentiniani et V(alentis no)bilium ac triumfat(orum semper Au)gustorum juxta C.... statuam dedicav.... Dracontius v(ir) c(larissimus, vices agens p)er Africanas (provincias), curante Valerio v(iro) e(gregio) sacerdotale.

MUSUPHILUS. V. A.

368

Musufilus est moins correct. — Nous n'avons qu'une seule mention de ce personnage : l. 3 *de praediis naviculariorum* (C. Th., XIII, 6), datée de la veille des kalendes d'août (31 juillet), sous le consulat de Valentinien et Valens. Or, Valentinien et Valens ont été consuls ensemble, en 365 et en 368, en 370 et en 373. Godefroi, à l'avis duquel je me range, écarte la première date : au mois de juillet 365, Valentinien était à Milan. De plus, notre texte est envoyé de Worms (Borbetomagus Vangionum), où Valentinien n'alla qu'en 368.

Haenel fait une double objection et propose, dubitativement, il est vrai, 365. Les textes du Code Théodosien, sont, dit-il, classés dans l'ordre chronologique : or, celui-ci est placé entre deux lois, l'une du mois de juin 365, l'autre de septembre 367. En outre, sa rubrique porte *Idem* (c'est-à-dire Valentinien et Valens) *ad Musuphilum vicarium Africae*, et, en 368, il faudrait *Valentinianus, Valens et Gratianus*.

Je laisse au lecteur le soin d'apprécier si ces raisons sont suffisamment graves et si c'est une témérité d'imputer une transposition aux compilateurs du Code Théodosien. Ce qui est certain, c'est qu'Haenel en commet une en proposant 365. Nous avons vu, en effet, que Dracontius resta sans interruption en Afrique de 364 à 367. Bien plus, nous avons une constitution reçue par lui le 31 août de cette année 365 : l. 9 *de susceptoribus*, XII, 6.

CRESCENS. V. A.
370-372

La loi 17 *de annona et tributis* (C. Th., XI, 1), du 12 juillet 371, nous fournit une première date. Elle est adressée : *Ad Crescentem vicarium Africae*. Le Code Justinien qui la reproduit (l. 4 *de omni agro deserto* XI, 58) donne une leçon moins correcte : *ad Crescentium*.

Nous retrouvons Crescens, le 26 février 372, en tête de la loi 6 *de officio vicarii* (C. Th., I, 15).

Reste la constitution 3 *de actoribus et procuratoribus* (C. Th., X, 4) qui porte aussi son nom et établit que, dans les affaires criminelles pendantes devant le vicaire, c'est le *rationalis* qui doit assurer la comparution des colons et des fermiers du domaine privé de l'empereur, tandis que, dans les instances civiles, ce soin compète au *defensor* de la maison impériale qu'il ne faut pas confondre, il est à peine besoin de le dire, avec le *defensor civitatis*.

Il y a quelque incertitude sur la date de ce dernier texte qui est indiquée par le consulat de Valentinien et Valens : *data pridie non. april.* (4 avril), *alteio, Valentiniano et Valente coss.* — Ces princes ayant été consuls ensemble en 365, 368, 370 et 373, il faut choisir. — Je crois qu'on doit tout d'abord écarter 365 : le vicaire était alors Antonius Dracontius (364-367). — Il ne peut être question non plus de 368 : Musuphilus qui exerçait ces fonctions le 31 juillet (voir plus haut) y fait obstacle.

Restent 370 et 373. Haenel qui, dans le texte du Code Théodosien, indique dubitativement, il est vrai, 365, déclare, en note, préférer avec Godefroi 370. C'est aussi l'opinion de Boeking. — Pour ma part, je commence par reconnaître qu'il n'y a aucune raison absolue de repousser 373 : nous n'avons personne à placer pendant cette année. Mais ce qui me lait pencher fortement pour 370, c'est le récit d'Ammien Marcellin (xxviii, 6). L'affaire des Tripolitains et du comte Romanus paraît s'être terminée en 370 : c'est à cette date que l'historien la raconte et qu'il nous montre la part que le vicaire Crescens prit à l'acte final de ce triste drame. Il jugea, dit-il, et fit exécuter les envoyés des Leptitains : .... *Ruricius quidem apud Sitifim caesus. Reliqui apud Uticam sententia vicarii Crescentis addicti. Flaccianus tamen ante legatorum interitum, cum a vicario audiretur et comite* (1), *constanter saluti suae propugnans, acclamationibus iratorum militum impetuque cum conviciis poene confossus est.*

Si tout était terminé à la fin de 370, comme on doit le conclure du récit d'Ammien Marcellin, il faut admettre que Crescens était en fonctions depuis quelques mois déjà, puisqu'il prit part non-seulement à l'exécution, mais encore à la procédure.

Le lieu d'origine de la loi 3 nous fournirait peut-être quelque éclaircissement sur la date en le rapprochant des indications que nous avons sur les déplacements de Valentinien. Mais s'agit-il d'Alteium (ou Alteia) ou d'Altinum ? Les lectures ne sont pas certaines. On ne sait même pas exactement où était Alteium, qu'on suppose en Gaule, et quant à Altinum, trois localités portant ce nom nous sont connues : l'une en Venetie, l'autre dans la Pannonie, province de Valerie, la troisième dans la Moesie supérieure. — Cf. de Vit, *Onomasticon.*

---

(1) On remarquera qu'il y a ici un de ces cas d'affaires mixtes dont parle la loi 7 *de officio vicarii* (C. Th., I, 15).

?... C. A.

372

Une lacune dans le manuscrit d'Ammien Marcellin nous prive
du nom du successeur immédiat du comte Romanus. Voici tout
ce qui reste de ce passage mutilé : ..... *Romano successerat,
in Sitifensem Mauretaniam ire disposito ad agitanda prae-
sidia, ne provincia pervaderetur, ipse (Theodosius) praete-
ritis elatior casibus, gentem petit Musonem* (XXIX, 5).

Peut-être s'agit-il de Flavius Victorianus qu'on trouvera plus
loin.

CHILO. V. A.

374-375

A ne consulter que le Code Théodosien, il était vicaire d'Afrique le 20 juin 374 (l. 4 *de excusationibus artificum*, XIII, 4). —
Il est nommé ensuite, sans indication de fonction, le 9 avril 375
(l. 16 *de susceptoribus*, XII, 6) (1). — Il est, enfin, qualifié de
proconsul par la loi 7 *de praediis naviculariorum* (XIII, 6), datée du 3 août 375. Ce dernier texte est reproduit par le Code de
Justinien, même titre (XI, 2).

Ces indications donnent, au point de vue critique, matière à
de sérieuses observations.

D'abord, Ammien Marcellin (XXVIII, 1) parlant, sous l'année
368, d'une accusation d'empoisonnement contre le luthier Seri-
nus, nous dit qu'elle fut portée par Chilo et par sa femme Maxima :
Chilo EX VICARIO *et conjunx ejus Maxima nomine, quaesti
apud Olybrium ea tempestate urbi praefectum* (2), *vitamque*

---

(1) Ce texte se retrouve au Code de Justinien, mais adressé, d'a-
près la vulgate, à Probus, préfet du prétoire. — L. 6 au même titre,
x, 70. — L'édition de Mommsen et Krueger rétablit le nom de Chilo.

(2) Olybrius fut nommé préfet de la ville entre le 20 septembre 368
et le 28 janvier 369; il sortit de charge entre le 20 août 370 et le 1er janvier 371, d'après M. Otto Seeck, *Symmaque*, p. XCVII. Il avait été
proconsul d'Afrique (361-363).

suam venenis petitam adseverantes impetrarunt ut hi, quos suspectati sunt, illico rapti compingerentur in vincula.

De ce qu'Ammien, à propos d'un fait accompli en 368, donne à Chilo la qualification d'ancien vicaire, faut-il conclure que la fonction de celui-ci est antérieure à cette date? J'hésiterais si nous n'avions que ce passage. Mais, en présence des textes législatifs précités, je crois que l'historien, écrivant une dizaine d'années après l'événement, s'est permis un léger anachronisme en ajoutant une épithète destinée à bien préciser la personne dont il parlait. C'est une habitude de langage dont nous usons tous les jours.

Plus grave est la question de savoir si, après avoir été vicaire, Chilo n'a pas été revêtu du proconsulat. J'en doute, malgré le témoignage de la loi 7 *de praediis naviculariorum ;* car Ammien, qui écrivait après 375, n'aurait pas manqué de l'appeler *ex proconsule,* au lieu d'*ex vicario.* — Tissot (*Fastes de l'Afrique Proconsulaire,* n° 186) ajoute qu'entre le proconsulat de Q. Aurelius Symmachus et celui de Constantius, il reste bien peu de place pour Chilo. Il a raison, je crois. En effet, Symmaque fut envoyé en Afrique entre le 20 février et le 30 novembre 373 ; il en partit à la fin de 374, ou, plus exactement peut-être, dans les premiers mois de 375, et une constitution du 7 septembre de cette même année donne déjà à Constantius le titre de proconsul (1).

FLAVIUS VICTORIANUS. C. A.
Entre 375 et 378

On a trouvé l'inscription suivante dans le Bou-Taleb, sur l'emplacement de l'ancienne Cellae. C. I. L., VIII, 10,937, *Rec. de Const.,* XX (1879-1880), p. 266 :

Salvis dominis nostris imperatoribus invictis principibus Vale(nte) Gratiano et Valentiniano perpetuis, Maximis, Victoribus ac triumfatoribus semper Augustis, — Fla(vius)

---

(1) Voir ce que dit M. Otto Seeck, à ce sujet, dans son édition de *Symmaque,* p. XLVII et suiv.

Victorianus, v(ir) c(larissimus) prim(i) ordinis, comes Afri-
cae, semper ves(tro numini devotus) castram dedicavit.
De Vit (*Onomasticon*) l'appelle à tort Victorinus.
Boecking ne le mentionne pas.

VIRIUS NICHOMACHUS FLAVIANUS. V. A.
376-377

La vie et le cursus honorum de Virius Nichomachus Flavianus ont fait l'objet de travaux importants que je n'essaierai même pas de résumer complétement (1). Je n'en veux retenir que
ce qui a trait directement à mon sujet et ce qui est indispensa-
ble pour l'encadrer.

Flavianus, qui n'était pas chrétien, n'entra dans la vie publique qu'assez tard (2). Il avait plus de trente ans, en 364, quand
il reçut le gouvernement de Sicile qu'il paraît avoir exercé une
année seulement. Puis, il entra dans l'obscurité. En 376, on le
voit réapparaître comme vicaire d'Afrique, Hesperius étant proconsul.

C'est à eux que l'empereur Gratien confia la révision de l'affaire des Leptitains contre le comte Romanus. Erechthius et
Aristomène, magistrats de Leptis qui, quelques années auparavant, n'avaient échappé au supplice que par la fuite, sortirent,
dit Ammien Marcellin, de leur retraite après la mort de Valentinien (17 novembre 375) : *Docto que super nefanda fraude Gra-*
tiano imperatore... ad Hesperium et Flavianum vicarium
audiendi missi sunt ; quorum aequitas auctoritate nixa jus-
tissima, torto Cecilio, aperta confessione cognovit (XXVIII,
6, *in fine*). Cet événement se rapporte à l'année 376, date du
proconsulat d'Hesperius.

---

(1) Cf. De Rossi, *Annales de l'Instit. de Corr. archéol.*, 1849, p.
283. — *Bulletino di archeol. christ.*, 1868, p. 49. — Mommsen,
Hermes, IV, p. 350. — Otto Seeck, *Symmachi opera*, p. CXII.

(2) Son père s'appelait Venustus et paraît être le même que Volusius Venustus qui fut vicaire d'Espagne en 363.

Le Code Théodosien contient une constitution adressée à Flavianus : c'est la loi 2 *ne sanctum baptisma iteretur* (XVI, 6), contre les donatistes, du 17 octobre 377. Cette loi prescrit au vicaire de s'opposer à la pratique du second baptême et de tenir la main à la restitution des églises aux catholiques. Elle rappelle les condamnations réitérées dont les donatistes out été l'objet sous Constantin, Constance et Valentinien I (1).

L'empereur s'adressait mal lorsqu'il confiait à Flavianus le soin de défendre la religion catholique et c'est ici le lieu de noter un passage qui a beaucoup embarrassé Tillemont. Saint-Augustin (épît. 87, Migne, II, p. 300) dit aux donatistes : *Vos Flaviano quondam vicario* PARTIS VESTRAE HOMINI, *quia legibus serviens nocentes quos invenerat occidebat : non communicastis ?* Que Nichomachus Flavianus fut payen, c'est un point hors de tout doute : sans s'attarder à le discuter, il suffit de dire que, quand l'usurpateur Eugène s'empara de Rome en 392, Flavianus, qui était préfet du prétoire, resta en fonctions et voulut restaurer la religion proscrite, rétablissant l'autel de la victoire, les sacrifices, démolissant les constructions établies sur les emplacements anciennement consacrés. Aussi, Tillemont (2) qui sait bien cela ne peut rien imaginer de plus que de supposer pendant les années 376-377 deux vicaires du nom de Flavianus, l'un donatiste, celui de Saint-Augustin, l'autre payen.

M. de Rossi et M. Otto Seeck ont réfuté cette opinion et je doute qu'on la soutienne encore. Je ne partagerai même pas l'hésitation que le premier laisse voir ; je ne crois pas nécessaire de se demander si Saint-Augustin, déjà éloigné des événements dont il parle, n'a pas commis une confusion. M. de Rossi répond lui-même que la personne de Flavianus avait été trop en vue, surtout à la fin de sa vie, pour qu'on s'explique une pa-

---

(1) Elle renvoie, en outre, à des instructions envoyées jadis à un personnage, Nitentius, dont la dignité n'est malheureusement pas indiquée : *Nihil ut ab eo tenore sanctio nostra diminuat qui dato dudum ad Nitentium praecepto fuerat constitutus.* A quelle époque se réfèrent ces instructions ? Quel était ce Nitentius ? Était-ce un vicaire ?

(2) *Hist. des Empereurs*, note 12 sur Gratien.

reille erreur. A mon avis, il ne faut voir qu'une seule chose
dans ce texte : Saint-Augustin y constate que le vicaire d'Afrique favorisait, dans un but politique, le parti des donatistes
contre les catholiques.

Quoi qu'il en soit, il résulte de ces documents que Nicomachus Flavianus dut montrer peu de zèle dans l'accomplissement
de sa mission et l'on a vu une allusion à sa conduite dans une
constitution adressée, le 22 avril 378, à Hesperius, devenu préfet du prétoire : *Olim, pro religione catholicae sanctitatis,
ut coetus heretici usurpatio conquiesceret, jussimus sive
in oppidis, sive in agris extra ecclesias, quas nostra pax
obtinet, conventus agerentur, publicari loca omnia in quibus falso religionis obtentu altaria locarentur : quod sive
dissimulatione judicum, seu* PROFANORUM IMPROBITATE *con-
tigenit, eadem erit ex utroque pernicies.* (L. 4 *de haereticis,*
XVI, 5). *Profani* semble désigner ici les payens. — Cf. Otto
Seeck, *loc. cit.,* p. xcv.

L'époque à laquelle Nicomachus Flavianus fut rappelé d'Afrique n'est pas connue, et je ne saurais dire si Celsinus Titianus,
vicaire en 380, fut son successeur immédiat.

Son *cursus honorum* nous le montre dans la suite *quaestor
sacri palatii* vers 382, préfet du prétoire d'Italie au commencement de 383 (l. 8 *de desertoribus,* C. Th., vii, 18, et l. 2 *de his
qui latrones,* ix, 29). Mais il paraît n'être resté que quelques
mois dans cette charge. Tombé en disgrâce, il reconquit cependant la faveur impériale après la chute du tyran Maxime et le
triomphe de Théodose, car, au commencement de 389, on le
retrouve préfet du prétoire d'Italie et il exerçait encore cette
fonction en mai 392 quand le franc Arbogaste, après avoir tué Valentinien II, donna la couronne impériale à Eugène. J'ai dit plus
haut comment Flavianus prit le parti de l'usurpateur et tenta de
restaurer le culte payen. Eugène le fit consul en 394. — Au
mois de septembre suivant, l'ancien vicaire d'Afrique, qui avait
accompagné l'armée chargée de défendre l'Italie contre Théodose, se donna la mort pour ne pas tomber au pouvoir du vain-

queur. Cependant, il jouissait d'une telle considération, que sa mémoire ne fut pas condamnée, comme on va le voir, et qu'on rendit ses biens à ses deux fils dont l'un s'appelait Nichomachus Flavianus comme son père, l'autre Venustus.

Flavianus était allié à Symmaque. Quatre-vingt-dix lettres de celui-ci lui sont adressées. Toutes portent en suscription : *Flavianus fratri*, mais il n'était que son cousin, le père de Symmaque, L. Aurelius Avianius Symmachus, ayant épousé une sœur de Volusius Venustus, père de Flavianus.

Une seule de ces lettres fait allusion à la charge que Flavianus exerça en Afrique, c'est celle qui porte le n° 63 du livre II (édition Seeck), où, en recommandant l'agens in rebus Cresconius, originaire d'Afrique, Symmaque ajoute : *eum patria Africa non minus tibi quam mihi cara commendat.* On était en 390.

Deux textes épigraphiques trouvés à Rome se rapportent à notre vicaire et donnent son cursus honorum en même temps que son nom complet :

C. I. L., VI, 1782 : *Virio Nichomacho Flaviano v(iro) c(larissimo), quaest(ori), praet(ori), pontif(ici) majori, consulari Siciliae, vicario Africae, quaestori intra palatium, praef(ecto) praet(orio) iterum, co(n)s(uli) ord(inario), historico disertissimo* (1), — *Q. Fab(ius) Memmius Symmachus v(ir) c(larissimus) prosocero optimo.*

La seconde inscription est de 431. Elle reproduit une lettre des empereurs Théodose II et Valentinien III, adressée au Sénat et faisant l'éloge de notre personnage. Je n'en transcris que l'en-tête, le document étant trop long et ne présentant, du reste, aucun intérêt pour la question qui m'occupe :

C. I. L., VI, 1783 : *Nicomacho Flaviano cons(ulari) Siciliae, vicar(io) Africae, quaest(ori) aulae divi Theodosi, praef(ecto) praet(orio) Ital(iae), Illyr(ici) et Afric(ae) iterum, virtutis auctoritatisq(ue) senatoriae et judiciariae ergo*

---

(1) Ses ouvrages ne sont pas parvenus jusqu'à nous. On n'en possède que des extraits.

reddita in honorem filii Nicomachi Flaviani cons(ularis) camp(aniae), procons(ulis) Asiae, praef(ecti) urbi saepius, nunc praef(ecti) praet(orio) Italiae Illyrici et Africae....., etc...

On remarquera que, dans cette inscription qui, à la différence de la précédente, a un caractère officiel, il n'est pas fait allusion au consulat que Flavianus avait reçu de l'usurpateur Eugène.

Pour le distinguer de son fils, Sidoine Apollinaire l'appelle Nicomachus *senior (Epist.,* viii, 3).

On trouve, enfin, dans la bibliothèque de Photius, un fragment d'Himerius (n° 243, *in fine)* qui se rapporte peut-être à la mission de Flavianus en Afrique. Godefroi, dans la prosopographie du Code Théodosien, tome vi, p. 55, de l'édition Ritter, hésite entre lui et un autre Flavianus qui fut proconsul en 357. C'est pour ce dernier que penche Tissot (*Fastes de la province romaine d'Afrique* (1).

CELSINUS TITIANUS. V. A.
380

Dans une constitution datée du 15 juillet 380 (l. 17 *de pistoribus et catabolensibus,* C. Th., xiv, 3), les empereurs Gratien, Valentinien et Théodose le grand prescrivent au vicaire Titianus de tenir énergiquement la main à ce que les gouverneurs envoient, aux époques voulues, les boulangers (*pistores)* qu'exigeait le service de l'annone : *Judices Africanos laudabilis sin-*

---

(1) On pourrait être tenté de ranger au nombre des vicaires d'Afrique le destinataire, Syagrius, de la loi 10 *de officio vicarii* (C. Th., I, 15), datée du 26 août 379. Bien que la suscription de cette constitution n'indique pas sa qualité, Flavius Syagrius, suivant M. Otto Seeck (*Symmaque,* p cx, texte et note 522), ne peut avoir été que proconsul d'Afrique. Le savant professeur a, en même temps, très habilement éclairci un point d'histoire jusqu'alors fort obscur en montrant qu'il ne fallait pas confondre ce personnage avec un autre portant à peu près le même nom, Flavius Afranius Syagrius, maître des offices pendant cette même année 379 et préfet du prétoire d'Italie en 380-382.

*ceritas tua hujusmodi interminatione conterreat, ut, nisi
tempore solito debitos pistores venerabilis Romae usibus di-
rigere curaverint, sciant seipsos quinquaginta argenti libra-
rum, officiumque eorum pari condemnatione multandum.*
Ce texte est doublement remarquable et parce qu'il fixe la date
du gouvernement de Titianus et parce qu'il met bien en lumière
l'autorité du vicaire sur les gouverneurs de provinces.

Titianus, ou plutôt Celsinus Titianus, était le frère du grand
Symmaque (1). Payen comme lui et pontife du Soleil et de Vesta,
il paraît avoir débuté dans la vie publique par la fonction de
vicaire d'Afrique, dans l'exercice de laquelle il mourut, semble-t-il, à la fin de cette même année 380.

Treize des lettres de Symmaque lui sont adressées (2). La
plupart, observe M. Otto Seeck, paraissent lui avoir été écrites
pendant son vicariat d'Afrique. Certaines font même allusion à
ses fonctions ; ce sont les seules dont je veux citer quelques
passages.

L'une d'elles (n° 64) nous montre l'évêque Clément de Cae-
sarea (Chercheli) intercédant pour les magistrats de cette ville,
sa patrie : pendant la guerre de Firmus, le trésor du fisc avait
été pris et l'on voulait rendre les membres de la curie responsables de cette perte. La question relevait du vicaire d'Afrique
qui était chargé d'une enquête sur les dommages causés par
l'insurrection : *Fando acceperas,* lui écrit Symmaque, *rebellione
barbarica quot auri, quot argenti, privati et publici, sacri
et profani Mauretaniae fuit direptione hostium lancinatum.
Evenit ea tempestate ut etiam fisci depositum belli jure ra-
peretur. Quod a summatibus civitatis quos reliquos fuga
fecerat, jus aerarii reposcebat. Misera et acerba conditio,
nisi justitiam temporum Clementis cura movisset....*

---

(1) *Germani mei vicaria potestate gaudeo tanquam mihi decus
honoris accesserit* (III, 19). M. de Rossi *(Bulletino cristiano,* 1854,
p. 76, et 1865, p. 15), s'était contenté de dire que Celsinus était
parent de Symmaque.

(2) *Symmachi opera,* p. CVI. Ces lettres sont au livre I, n°⁸ 62-74.

Ailleurs (Ep., i, 68), Symmaque recommande à son frère un certain Rufus qui va en Afrique pour le compte du collège des pontifes dont il est trésorier : *Rufus, pontificalis arcarius, prosequitur apud te mandata collegii, cui prae caeteris retinendi Vaganensis saltus cura legata est. Effice, oro te, ut divinitus videatur oblatum tui honoris auxilium et utriusque te sacerdotii antistitem recordare.* Ces derniers mots font allusion au double titre de pontife du Soleil et de Vesta que portait Titianus. Ce qui est plus digne d'attention, c'est que Vaga (Beja) est située dans la Proconsulaire ; mais, en dépit des expressions *prosequitur apud te*, il est à présumer que Symmaque ne demande à son frère ni un acte d'autorité, ni un acte de juridiction (l'une et l'autre appartenant au proconsul), et sollicite seulement sa bienveillante intervention (1).

Dans la lettre 69, il s'agit d'Acutianus qui voudrait bien que le vicaire connaisse en personne d'un litige : *Germanos suos Nicasium et Rogalianum negotium commune curantes vel ad disceptationem numidici consularis remitti postulat, vel, quod ei antiquius est, te potissimum cognitore mavult quamprimum molestiam litis absolvi. Quare si et illius apud te grande momentum est, et a legibus causa non discrepat, et interventus meus libram tui favoris inclinat, anniti aequum est, ut optimo viro ex sententia procedat optatum.*

La lettre 66 recommande le *rationalis rei privatae*, Gelasius. Cette fonction n'existant qu'en Afrique, se rapporte évidemment au séjour de Titianus dans ces provinces. Il en faut sans doute dire autant, suivant M. Otto Seeck, de la lettre 65.

Godefroi tire des deux premières lettres que je viens de citer la conclusion que Celsinus Titianus a exercé les fonctions de consulaire de Numidie et celles de *praeses Mauretaniae Caesariensis*. En ce qui concerne le n° 69, il n'a pas remarqué que le texte oppose à la compétence du *consularis numidicus* celle du

---

(1) A moins que ce *saltus* ne fût situé en dehors de la Proconsulaire. On sait, en effet, que dans l'Afrique romaine, plusieurs localités ont porté le nom de Vacca où Vaga. — Voir C. I. L., viii, p. 154.

vicaire : Symmaque demande seulement à son frère d'évoquer l'affaire si les lois le permettent. Quant à la mission remplie en Maurétanie après la révolte de Firmus, elle s'explique soit par une délégation spéciale et extraordinaire, soit surtout par cette considération que la Maurétanie est dans le ressort du vicaire.

La date approximative de la mort de Titianus nous est fournie par une autre lettre de Symmaque qui est adressée à Syagrius (i, 101). Celui-ci l'ayant invité à assister aux fêtes de l'inauguration de son consulat, Symmaque s'en excuse en invoquant son deuil récent. Il est vrai qu'il y eut deux consuls du nom de Syagrius, l'un en 381, l'autre en 382 (voir la note à la fin de la notice précédente) ; mais il paraît bien qu'il s'agit du premier, Flavius Afranius Syagrius, à l'appui duquel Titianus devait sa nomination (Otto Seeck, *op. cit.*, p. cix et suiv.). Ce Syagrius ayant été consul en 381, l'inauguration de son consulat doit avoir été célébrée en 380. Ajoutons, enfin, cette considération décisive que la loi 84 *de decurionibus* (C. Th., xii, 1), adressée au successeur de Titianus et reçue à Carthage le 18 février 381, dut être envoyée au plus tard à la fin de décembre. Titianus était donc, à cette date, déjà remplacé.

CAMENIUS
380-381

La loi 84 *de decurionibus* (C. Th., xii, 1) sur le nombre des membres de la curie nécessaires pour procéder à la nomination des magistrats, et reçue à Carthage le 18 février 381, est le seul document que nous possédions sur Camenius. Je viens de dire qu'il suppose la présence de ce magistrat en Afrique dès la fin de l'année précédente.

Les anciennes éditions du Code Théodosien portaient Camensus, au lieu de Camenius, forme anormale qui demandait évidemment une correction. Godefroi a d'abord proposé Carterius, identifiant ce personnage avec celui auquel Symmaque adresse plusieurs lettres (viii, 16 ; ix, 7 et 31). Rien, dans ces lettres, ne donne la vraisemblance à cette hypothèse. Aussi, parmi les modernes, la restitution moins hardie du nom de Camenius a prévalu.

Peut-être, à en juger d'après ce cognomen, notre vicaire appartient-il à la famille des Caeionii Juliani. On peut voir, dans mes *Fastes de la Numidie*, Alfenius Ceionius Julianus Kamenius, qui fut consulaire vers 332.

Reinesius sur Wagner, dans son commentaire d'Ammien Marcellin (xxviii, 1), identifie notre Camenius avec le sénateur, frère de Tarratius Bassus, contre qui fut portée une accusation d'empoisonnement en 368. On sait que les prévenus furent acquittés. Cette identification n'est encore qu'une supposition gratuite.

CASTORIUS. V. A.
Avant 385

Il n'est connu que par cette inscription fort incorrecte (de Rossi, *Inscriptiones christianae Urbis Romae*, n° 358, p. 157) :

```
MIRE PIETATIS SAPIENTIA HVIVS ET INNO
CENTIHE TOTIVS CONSVLARIS SICILI
E VICARIVS AFRICE CONIVGI DVLCISSIMO
CASTORIO QVI VIXIT ANN·XXXV·M·VIII·D·XV
RECESSIT·III·IDVS·DEC DEPOSITVS IDIBVS     (An. 385)
DEC·DD·NN· ARCADIO ET BAVTONI CONSS
```

GILDO. C. A.
385-398

Fils du chef indigène Nubel (1), Gildon apparaît pour la pre-

(1 Claudien *(de bello Gildonico,* Vers 332), paraît faire de Nubel un descendant des anciens rois de Maurétanie : *Progenies vesana Jubae.* Amédée Thierry *(Alaric,* ch. v) est peut-être téméraire de prendre ce mot à la lettre. Ce qui est certain, c'est que Nubel était un de ces princes indigènes que Rome n'avait jamais abattus et s'était contentée de tenir en tutelle. Je dois, du reste, mettre en garde contre le récit que l'historien fait de ces événements. Il s'inspire trop de Claudien sans prendre garde aux exagérations du poète de mauvais goût et du courtisan.

mière fois dans l'histoire pendant l'insurrection soulevée par Firmus, son frère, en 372. Il prit parti pour les Romains et se trouvait parmi ceux qui furent chargés d'arrêter Vincentius, lieutenant du comte Romanus. Ce fut lui encore qui amena au comte Théodose un chef des Maziques, Bellenes, et un transfuge, le Préfet Fericius (Ammien Marcellin, XXIX, 5).

Vingt ans plus tard, le 30 décembre 393, une constitution des empereurs Théodose, Arcadius et Honorius portait la suscription suivante : *Gildoni com(iti) et magistro utriusque militiae per Africam* (l. 9 *ad legem Juliam de adulteriis*, C. Th., IX, 7). Comment le prince maure était-il arrivé à cette haute fonction ? Sans doute par une de ces compromissions si fréquentes avec les barbares : pour ne pas avoir à les combattre, on préférait les attacher en les comblant d'honneurs et de richesses.

Gildon resta longtemps à la tête des forces militaires de l'Afrique. Claudien dit qu'il la commanda douze ans, ce qui porte son élévation vers 385.

> ... jam solis habenae
> Bis senas torquent hiemes cervicibus ex quo
> Haeret triste jugum....

(*De bello Gildonico.* Vers 153).

Saint-Augustin ajoute, de son côté, que le donatiste Optat, son protégé, fit gémir l'Afrique pendant dix ans (*In Parmeniani lib.*, II, 2 ; *Contra litteras Petiliani*, I, 24. Migne, IX, 51 et 257).

Nous ignorons le rôle qu'il joua sous Maxime (383-388). Il ne paraît pas douteux que celui-ci ait étendu son pouvoir sur cette partie de l'empire. Pacatus, dans son panégyrique de Théodose (*Panegyrici veteres* XII, 38), fait dire à l'usurpateur : *peto Africam quam exhausi.*

Quand Arbogaste, après la mort violente de Valentinien II, proclama le rhéteur Eugène en 392, Gildon resta fidèle à Théodose. C'est ce qu'implique la constitution précitée du 30 décembre 393. Une autre, du 27 mars précédent, adressée à Silvanus, *dux et corrector limitis Tripolitani* (l. 133, *de decurionibus*, C. Th., XII, 1), suppose également que cette province continuait de reconnaître l'autorité légitime. Cependant, l'attitude du

comte paraît avoir été plutôt expectante que nettement fidèle.
Claudien (*De bello Gildonico.* Vers 245 et suiv.) la décrit ainsi :

> Solus at hic, non puppe data, non milite misso
> Subsedit, fluitante fide : si signa petisset
> Obvia, detecto submissius hoste dolerem.
> Restitit in speculis fati, turbaque reductus
> Libravit geminas, eventu judice, vires.

Et ailleurs (*De sexto Honorii consulatu.* Vers 128 et suiv.) :

> .... Praecepta vocantis
> Respuit ; auxiliis ad proxima bella negatis
> Abjuratu palam Libyae possederat arva.

Rien n'autorise à supposer qu'il ait suspendu, pendant cette
période critique, l'envoi des convois de blé destinés à l'alimen-
tation de Rome, occupée par l'usurpateur. Mais Éugène ayant
été défait et pris le 6 septembre 394, il commença à les retenir,
ce qui ne pouvait manquer de provoquer une crise grave qu'atteste Symmaque (Ep., vi, 1). Dans l'espace de moins d'une année, observe M. Otto Seeck (1), trois préfets de la ville se suc-
cédèrent, sans cependant qu'on pût conjurer le danger. Au mois
de novembre 395, la famine se fit sentir avec son cortège habi-
tuel de séditions.

Cependant, la rupture n'était pas encore officielle ; mais elle
ne tarda pas à le devenir. Théodose, avant de mourir (17 janvier 395), avait fait le partage de l'empire entre ses deux fils.
L'Italie, l'Espagne, les Gaules, toute l'Afrique et l'Illyrie occi-
dentale furent données à Honorius, dont le premier ministre devait être Stilicon. Le reste échut à Arcadius avec Rufin. Quelle
fut l'attitude exacte de Gildon pendant deux années ? Refusa-t-il
nettement le service de l'annone ? Ne se contenta-t-il pas plutôt de le faire de mauvaise grâce, d'une manière plus ou moins
régulière et lorsqu'il se trouvait acculé à l'alternative ou de
s'exécuter ou d'entrer ouvertement en insurrection ? Les textes
ne nous l'apprennent pas et les choses paraissent avoir traîné
jusqu'à l'automne de l'année 397.

---

(1) *Op. cit.,* p. LXVII.

Mais l'eunuque Eutrope ayant succédé à Rufin (27 novembre 395) et voulant renverser aussi Stilicon, afin d'être seul dans l'empire, ne trouva rien de mieux, pour atteindre son but, que de faire naître une guerre entre les deux frères. Il s'aboucha avec Gildon. La famine à Rome ne pouvait manquer d'amener de graves complications et il lui paraissait facile de venir alors à bout d'Honorius qui, pour avoir la paix, sacrifierait son premier ministre. Les négociations secrètes réussirent avec le maître de la milice africaine qui, de son côté, entrevoyait peut-être la possibilité de fonder un royaume indigène à peu près sinon tout à fait indépendant (1). Il reconnut Arcadius et rompit avec Honorius.

Le Sénat, saisi de l'affaire, déclara Gildon ennemi public, comme au beau temps de la République romaine (Symmaq., IV, 5) (2). Mais l'imminence de la famine était la grosse préoccupation, comme on peut le voir par la suite de la lettre de Symmaque et par de nombreux passages de Claudien (3). Une députation fut envoyée à Arcadius : elle n'eut pas de succès. On agit plus sagement en armant deux flottes destinées l'une à aller chercher des blés en Gaule et en Espagne, l'autre à porter des troupes en Afrique :

> .... duplices disponere classes
> Quae fruges vel bella ferant aulaeque tumultum. (4)
> Et Romae lenire famem....

(De laudib. Stiliconis. I, Vers 307).

On décida de ne pas envoyer les forces militaires en une seule fois. C'était prudent. On était au mois de février, la mer était encore peu sûre ; il fallait éviter une catastrophe irréparable. Et, effectivement, la traversée ne se fit pas sans peine, car

---

(1) Jornandes : *De regnor. ac tempor. successione,* XIV.

(2) Claudien loue pompeusement l'empereur de cette marque de déférence. *De Stiliconis laudibus.* Vers 325 et suiv.

(3) *De bello Gildonico.* Vers 17, 35. — *De Stiliconis laudibus,* I, Vers 278.

(4) *Aula,* c'est la cour de Byzance.

le premier convoi, assailli par une tempête, fut un instant dispersé et dut chercher à grand'peine un refuge le long des côtes de la Sardaigne ; mais, finalement, il arriva à destination.

Par une singulière coïncidence, Gildon qui, vingt-cinq ans auparavant, avait combattu pour Rome contre Firmus, allait à son tour avoir à se défendre contre son propre frère : Mascezel, le commandant de l'expédition, était aussi un fils de Nubel (1). Chassé d'Afrique par le comte révolté qui avait tué ses deux fils, il était venu offrir ses services à Stilicon et celui-ci les avait acceptés. A quel titre ? Lui donna-t-il le rang et la fonction du rebelle ? On l'ignore. Toujours est-il que la campagne fut heureusement et rapidement menée et qu'on n'eut pas besoin des renforts préparés. Gildon était près de Theveste, attendant les contingents que devaient lui fournir les tribus du Sud. Mascezel alla le rejoindre et la rencontre eut lieu non loin d'Ammaedara (2) (Haïdra, à l'est de Tébessa). Peu après, Gildon, abandonné par ses troupes, s'enfuyait par mer, sans doute vers Constantinople. Mais son vaisseau fut poussé par le vent vers Thabraca (Tabarka) ; reconnu et arrêté, l'officier rebelle s'étrangla dans sa prison pour échapper au supplice (3).

Il semble que la paix était assurée avant le 13 mars 398, date d'une constitution adressée au proconsul d'Afrique Victorius par Honorius qui lui recommande de ne pas prêter l'oreille trop facilement aux délateurs (l. 3 *calumniatoribus*, C. Th., IX, 49). De l'avis des commentateurs, cette constitution vise la répression qui suivit la défaite de Gildon. Tillemont, il est vrai (note 6 sur Honorius, v, p. 794), pense que cette date a été altérée. Pour que l'on ait connu à Rome le 13 mars le renversement de

---

(1) C'est vraisemblablement le même dont parle Ammien Marcellin (XXIX, 5) et qui combattit avec Firmus contre Rome en 372.

(2) Cette leçon paraît préférable à celle qui porte Metricerda et qu'on trouve dans les anciens manuscrits d'Orose. Cf. C. I. L., VIII, p. 50. — Masqueray, *De Aurasio Monte*, p. 87.

(3) Je suis obligé, ici encore, de passer une foule de détails. Cf. Tillemont, *Hist. des Empereurs*, Honorius, v, p. 493 et suiv. — Zozime, liv. v. — Orose, VII, cap. 36. — Claudien, *loc. citato*. — La chronique du comte Marcellin, sous l'année 398. — Otto Seeck, *Symmachi opera*, p. LXVII-LXX. — Morcelli, *Africa christiana*.

Gildon, on doit supposer, dit-il, qu'il arriva en février ; or, Claudien nous apprend qu'il eut lieu au printemps :

> Quem veniens indixit hiems ver perculit hostem (1).

De plus, Gildon ayant été déclaré rebelle en novembre, il n'est pas possible qu'on ait fait partir la flotte en plein hiver ; il faut donc, suivant lui, substituer le nom d'un autre mois au bas de la constitution ; par exemple, celui de septembre, ou bien lire : *p(ost) c(onsulatum) Honorii IV....* — Ces raisons ne me paraissent pas péremptoires : nous avons précisément vu que la flotte courut de grands dangers à cause de l'état de la mer. Quant au vers de Claudien, il ne faut pas y attacher trop d'importance : un poète n'est pas un chroniqueur ; ici, il vise surtout à faire une antithèse ; son printemps peut fort bien s'entendre du mois de février, et la constitution d'Honorius me paraît un document autrement sérieux (2).

La soumission de l'Afrique causa à Rome une grande joie. On peut en juger par les dithyrambes pompeux du poète qui, à ce point de vue, ne saurait être suspect. Indépendamment de cela, plusieurs monuments épigraphiques nous ont gardé le souvenir de la victoire remportée. L'un est à Rome. C. I. L., vi, 1187 :

Imperatoribus invictissimis felicissimisque D. D. N. N. Arcadio et Honorio fratribus, senatus populusque Romanus, vindicata rebellione et Africae restitutione laetus.

On remarquera les noms des deux empereurs réunis, bien que la révolte eût été fomentée au nom de l'un d'eux et réprimée sans lui. La paix entre les deux frères avait suivi le triomphe et on l'affirmait ainsi.

Un autre texte est en l'honneur de Stilicon, auquel l'Afrique rend grâces. C. I. L., ix, 4051 :

---

(1) *De bello Gildonico,* 16.

(2) Godefroi va plus loin. S'appuyant sur certaines constitutions des années 396-397 qui supposent une famine à Rome, il fait remonter la révolte à 396. J'ai dit plus haut qu'avant de s'insurger ouvertement, Gildon commença par arrêter ou tout au moins retarder les envois de grains. — De plus, le concile catholique tenu à Carthage le 28 août 397 suppose que l'Afrique était encore en paix. — Cf. Tillemont, *Hist. des Emper.,* tome vi, note 5 sur Honorius.

*Flavio Stilichoni inlustrissimo viro, magistro equitum
peditumque, comiti domesticorum, tribuno praetoriano et
ab ineunte aetate per gradus clarissimae militiae ad colu-
men gloriae sempiternae et regiae adfinitatis evecto, proge-
nero divi Theodosi, comiti divi Theodosi Augusti in omnibus bellis adque victoriis et ab eo in adfinitatem regiam
cooptato, itemque socero D(omini) n(ostri) Honori Augusti,
— Africa consiliis ejus et provisione liberata — S(enatus)
C(onsulto).*

Le rétablissement de l'autorité impériale fut suivi de mesures
sévères. Claudien rapporte qu'on amena à Rome les principaux
partisans des rebelles, qu'on leur fit leur procès et que plusieurs furent mis à mort. Parmi ceux-ci, fut Optat, l'évêque donatiste de Thamugas, celui que les catholiques appelaient Optat
le Gildonien et qui, suivant le témoignage de Saint-Augustin,
avait fait gémir l'Afrique pendant dix ans. (*De Stiliconis laudib.*,
III, 105. Saint-Augustin, *In Parmenian.*, II, 2 ; *Contra litter.
Petiliani*, I, 24, II, 93. Migne, IX, 51, 257, 329 et 330). La répression fut telle, qu'en 408, une constitution s'exprime encore
ainsi : *Satellites Gildonis custodiis mancipentur et proscriptione
damnentur* (l. 19 *de poenis*, C. Th., IX, 40).

Les biens des coupables furent confisqués. Ceux de Gildon
étaient considérables : une partie fut employée à des travaux
d'utilité publique. Une inscription de Carsioli (C. I. L., IX,
4051) rappelle la restauration d'un aqueduc faite avec les produits de la confiscation : *bona quae capta sunt a Gildone hoste
publico.* Pour le surplus, on établit une administration spéciale,
et, dans la *Notitia dignitatum* (cap. XI, § 1), nous voyons figurer, parmi les hauts fonctionnaires de l'empire, un *comes Gil-
doniaci patrimonii* sous les ordres du *comes rerum privatarum.*
On peut citer, dans le même ordre d'idées : la loi 16 *de bonis
proscriptorum*, du 1er décembre 399 (C. Th., IX, 42) ; la loi 7
de metalis, du 8 juin 400 (C. Th., VII, 8) ; la loi 9 au même titre, du 6 août 409. — Nous retrouverons cette dernière à propos du vicaire Sapidianus et nous verrons que cette date est
fort contestable.

On a vu précédemment que Gildon avait cherché à tirer parti des dissensions religieuses qui déchiraient l'Afrique et s'était fait le protecteur des donatistes contre les catholiques (1). L'appui qu'il leur donna avait précédé de beaucoup sa révolte, puisque, au témoignage réitéré de Saint-Augustin, la persécution de l'évêque de Thimgad, Optat le Gildonien, dura dix ans. Il ne serait pas impossible que les conseils et les prédications de celui-ci aient encouragé le comte à la rébellion (2), car le donatisme, religion indigène en rupture de communion avec Rome, portait fatalement en lui le germe de tendances séparatistes. A une époque où la question religieuse se trouvait intimement liée à la question politique et où le maintien de l'unité catholique était considéré comme une loi fondamentale de l'empire, le triomphe du schisme ne pouvait évidemment devenir définitif que si l'on n'avait plus à craindre l'intervention impériale dans les affaires d'Afrique et le retour des *operarii unitatis*. On peut, sur les agissements d'Optat en ce sens, consulter Tillemont (*Hist. ecclés.*, VI, p. 180 et suiv.). Je sortirais des limites de mon sujet en insistant davantage (3).

Je n'ajouterai qu'un mot touchant la famille de Gildon. Il laissait une fille, Salvina, mariée avec un cousin germain de

---

(1) Voir plus loin la notice consacrée à Seranus.

(2) C'est aussi l'avis de M. Masqueray : *De Aurasio Monte*, p. 86.

(3) Indépendamment de ce rôle politique, peut-être comme conséquence de ce rôle, afin d'atteindre plus aisément son but, Optat de Thimgad déploya, d'un autre côté, la plus grande énergie pour ramener l'unité parmi les donatistes divisés en un grand nombre de sectes. Ce fut surtout contre les maximianistes que la lutte fut plus vive. Quelques dates importantes me paraissent, à ce propos, mériter d'être citées. Primien, qui avait succédé vers 392 à l'évêque donatiste de Carthage, Parmenien, ne tarda pas à soulever de vifs ressentiments. Quarante-cinq évêques, répondant à l'appel d'un mécontent, le diacre Maximien, se réunirent à Carthage ; mais Primien les obligea à quitter la ville. Ils se rassemblèrent de nouveau, au nombre de cent cette fois, à Cabarsussa, en Byzacène, déposèrent Primien à la fin de juin ou au commencement de juillet 393 et nommèrent à sa place Maximien, qui fut sacré peu après. Primien convoqua alors un grand concile qui se réunit à Bagai, en Numidie, le 24 avril 394 ; 310 évêques donatistes étaient présents : ils maintinrent Primien et condamnèrent les maximianistes, auxquels ils donnèrent jusqu'au 25 décembre pour se soumettre. Beaucoup de dissidents obéirent ; on usa de violence pour réduire les autres. L'affaire fut même porrée devant les tribunaux civils, qui donnèrent raison à Primien. Voir plus loin la notice consacrée à Seranus.

l'empereur Arcadius (1) et qui habitait Constantinople. (Saint-
Jérôme, lettre 123, Migne, ɪ, 1059). La veuve et la sœur du
comte d'Afrique trouvèrent un refuge auprès d'elle (Palladius,
Vie de Saint-Jean Chrysostome). Quant à Mascezel, son frère, il
revint à Rome après la victoire. Les historiens ne disent pas si
on lui donna quelque titre officiel et je n'ai pas la moindre raison de penser qu'il faille lui faire une place parmi les comtes
d'Afrique (2). Ce qui est certain, c'est que son triomphe fut de
courte durée. Un jour, traversant la campagne romaine avec
Stilicon, un pont vermoulu se brisa sous son poids et il se noya.
Zozime accuse le premier ministre d'Honorius de l'avoir fait jeter à l'eau par ses soldats.

MAGNILLUS. V. A.
391-393

Consulaire de la Ligurie à une époque que nous ne connaissons pas (voir plus loin la lettre de Symmaque à Saint-Ambroise), Magnillus était déjà vicaire d'Afrique le 19 juin 391,
ainsi qu'il résulte de la constitution 3 *de fide et jure hastae*
(C. Th., x, 17), reproduite au Code de Justinien (l. 16 *de res-
cindenda venditione,* ɪv, 44). Cette constitution réglemente la
vente des biens des débiteurs du fisc.

Magnillus est un des correspondants de Symmaque (Lettres
v, 17-33), son parent même. Les lettres de celui-ci nous apprennent qu'il était encore en Afrique à la fin de 393. Il lui
écrit, en effet, pour lui annoncer que son fils va inaugurer ses
fonctions de questeur (ce que nous savons avoir eu lieu en décembre 393) et il exprime l'espoir qu'à cette époque, il aura
quitté sa province : *Opto igitur tibi promptum deorum favorem
reditumque felicem...* (v, 20).

---

(1) Nebridius, fils d'une sœur de Théodose le Grand.
(2) *Sic* Bœcking, *Notitia dignit.,* ɪɪ, p. 511. En sens contraire,
M. Otto Seck : *Quaestiones de Notitia dignitatum,* 1872, p. 12.

En sortant de charge, Magnillus fut l'objet d'une accusation. La lettre adressée à ce sujet par Symmaque à Saint-Ambroise mérite d'être citée en entier : *Naevi instar est, ut frater meus Magnillus, vicaria potestate per Africam functus testimonio omnium publice privatimque conspicuus variis in ea provincia retardetur obstaculis. Nosti optimi viri maturitatem ceterasque artes bonas, quibus etiam tuum amorem, cum Liguriam gubernaret, adtraxit et ideo apud te redundantis est operae laudare compertum. Quare impendio peto ut cum a bajulo litterarum causas morarum ejus acceperis, religiosum pro ejus reditu interventum digneris adhibere, quo tandem patriae restitutus longae peregrinationis injuriam desiderata quiete commutet* (III, 34).

Magnillus fut absous, comme il résulte d'une autre lettre dans laquelle Symmaque remercie un ami de son heureuse intervention (IX, 122) : *Ago gratias pro amici tui securitate, cujus innocentissimam vitam sententiae testimonio comprobasti et spero contemplatione tua brevi ceteras infortunii ejus reliquias submovendas...*

On perd désormais la trace de l'ancien vicaire d'Afrique.

HIERIUS V. A.

395

Son nom ne nous est connu que par la constitution 29 *de episcopis* (C. Th., XVI, 2) du 23 mars 395. Honorius, à qui l'Afrique venait d'échoir en partage après la mort de Théodose le Grand, confirme les priviléges accordés aux églises par ses prédécesseurs : *Omnibusque qui ecclesiis serviunt tuitio deferatur.* C'est la protection assurée contre les donatistes et particulièrement contre les circoncellions dont les fureurs ensanglantaient toujours les provinces africaines.

UMBONIUS JUVAS V. A.

Entre 395 et 402

Il ne nous est connu que par l'inscription suivante trouvée à Constantine ; C. I. L., VIII, 7,068 :

..... Coingi.....e (ad pristin) am faciem res(tituit) Umbonius Juvas (Agens per) Africam pro pr(œfectis, curante) ac dedicante Fl Barb(aro Donatiano) Jul(io) Vero Apuleio et.... Pecunia publi(ca).

La date approximative de cette inscription et les restitutions qu'on vient de voir ont été trouvées par Renier qui a rapproché ce texte d'un autre portant précisément les noms des deux magistrats sus-mentionnés. C. I. L., VIII, 7,017 :

Salvis dominis nostris (duobus) Ar(c)adio et Honorio Au(gustis basili)cam in exord(io) principioque des(titutam) proviso sumt(u c)ompleri jussi (t) M. M..... una cum Fl. Barb(ar)o Donatiano v(iris) c(larissimis duobus).

On sait qu'Arcadius et Honorius ont régné ensemble depuis la mort de Théodose-le-Grand (janv. 395) jusqu'à 402, époque à laquelle un troisième Auguste, Théodose II, ceignit la couronne impériale. C'est donc entre ces deux dates extrêmes qu'il faut placer le vicariat d'Umbonius Juvas.

La lacune de la seconde inscription correspond à un nom martelé. Quel est-il ? Est-ce celui d'Umbonius Juvas ? Quelle est la cause de cette mutilation ? Il est difficile de se prononcer. Je ne crois cependant pas qu'il s'agisse de notre vicaire d'Afrique, car le marteau a respecté son nom dans le premier texte.

En revanche, il est assez vraisemblable de supposer qu'il s'agit de quelqu'un compromis dans la révolte de Gildon. Celle-ci ayant éclaté à la fin de 397, nos deux inscriptions seraient antérieures, d'où il faudrait conclure que le vicariat d'Umbonius Juvas se place entre les années 395-397.

Le nom d'Umbonius se trouve daus une inscription de Lambèse (C. I. L., VIII, 3279) mais le personnage mentionné, qui s'appelle C. Umbonius Saturninus, n'a évidemment rien de commun avec le nôtre.

Juvas est pour Juvans.

SERANUS. V. A.

Avant 398

Saint-Augustin dit positivement qu'il fut vicaire d'Afrique (*Contra litter. Petiliani* II *cap.* 83, Migne IX, 316) et que les catholiques, poussés à bout par les vexations d'Optat de Thimgad, le protégé de Gildon, invoquèrent devant lui la loi de Théodose du 15 juin 392 (l. 21 C. Th. XVI, 5), qui frappait d'une amende de dix livres d'or les ecclésiastiques hérétiques et ceux qui leur permettaient de s'assembler sur leurs terres. Cf. Tillemont, *Hist. eccles.* VI, p. 182. — Saint-Augustin, *Contra Cresconium*, III, *cap.* 45-47. Migne, IX, 522 et suiv.

Mais, ailleurs, le même auteur cite un Seranus proconsul et le fait juge dans les poursuites que les Donatistes intentent contre un des leurs, un maximianiste dissident, Salvius de Membresse. Il donne même les premiers mots de la sentence de ce magistrat : *Seranus Proconsul dixit...* (*Contra Crescon*, IV, 48. Migne, IX, 579).

Comme il est admis par tout le monde qu'il y eut un Seranus proconsul faut-il dire que Saint-Augustin a commis une erreur à propos de l'affaire d'Optat et nier l'existence d'un Seranus vicaire ? C'est l'avis de M. Otto Seck (*Symmachi opera*, CLX, note 828). C'est aussi l'avis de Tissot (*Fastes*, v° Seranus).

J'hésite beaucoup à accepter cette thèse. Il est peu vraisemblable que Saint-Augustin, parlant d'un personnage très en vue qu'il a évidemment connu, commette l'erreur de le dire vicaire s'il était proconsul. On remarquera, en outre, que le vicaire Seranus est nommé à propos d'une affaire d'un ordre tout autre que celle où juge le proconsul. En effet, devant le vicaire, ce sont les catholiques qui plaident contre les donatistes; or Optat de Thimgad, leur adversaire, est de Numidie où le proconsul n'a aucune compétence et où son intervention serait inexplicable. Au contraire, dans l'affaire des Maximianistes, les cités de Membresse, Assuras, Musti, patrie des accusés, appartiennent à la proconsulaire : il est naturel alors que le proconsul juge. (1)

On doit donc, à mon avis, admettre qu'il y a eu, à quelques années de distance deux Seranus, l'un vicaire, l'autre proconsul d'Afrique, ou mieux encore que le même personnage, d'abord vicaire, a connu plus tard comme proconsul des poursuites contre Salvius de Membresse et les autres. En tous cas, si l'on tient à mettre une erreur au compte de Saint-Augustin, il faut dire qu'il a donné à tort le nom de Seranus au vicaire devant lequel a été portée la plainte contre Optat de Thamugas, mais, je le répète, on ne peut, dans l'espèce, parler d'un " proconsul " Seranus.

Je crois inutile de m'arrêter à réfuter l'opinion de Tillemont (*Hist. eccles.* VI, note 38 sur les donatistes) qui veut que Seranus, Herodes, et même Ennodius, ne fassent qu'une seule personne. Morcelli *(Africa Christ.*, p. 319) accepte cette identification, mais Tissot *(Fastes* v° Ennodius), le rejette avec raison.

On remarquera que le plainte contre Optat est antérieure à 398, époque à laquelle nous savons que la mort de Gildon entraîna la disgrâce de son protégé, l'évêque de Thimgad et son incarcération. Elle est, d'un autre côté, postérieure à 392, date de la loi de Théodose que les catholiques invoquèrent devant lui contre les donatistes.

———

DOMINATOR. V. A.
398-399

Il exerçait déjà la charge de vicaire d'Afrique le 21 mai 398, comme l'atteste la loi 6 *de officio proconsulis* (C. Th. I, 12)

———

(1) J'ai fait allusion plus haut (note sous Gildon) à ces poursuites qui suivirent le concile de Bagaï de 394.

adressée par Arcadius et Honorius *Victorio proconsuli Africae et Dominatori vicario Africae*, sous le consulat d'Eutychianus. Une partie de ce texte se retrouve au code de Justinien (1. 2 *de apparitoribus proconsulis*, XII, 56). A la vérité, les anciennes éditions de ce recueil portaient comme entête *Dominatori proconsuli Africae*; mais l'identité des deux constitutions montre d'une façon indubitable que les compilateurs du sixième siècle ont maladroitement abrégé la rubrique primitive. Godefroi, qui ne connaissait pas ce fragment du Code théodosien découvert plus récemment, s'est laissé surprendre et a conclu que Dominator avait été dans la suite proconsul d'Afrique. Mais les critiques modernes ont fait la correction que nous trouvons dans l'édition du *Corpus juris* de Mommsen et Krueger. Tissot, dans ses fastes, écarte également Dominator.

Celui-ci est encore en fonctions le 17 mai 399. Les empereurs lui adressent, à cette date, la constitution 35 *de haereticis* (C. Th., XVI, 5) contre les Manichéens. Mais il quitte peu après l'Afrique, car dès le 25 juin suivant, nous voyons par une autre loi qu'il est remplacé par Sapidianus.

La loi 35 *de haereticis* ne porte, au bas, que le nom du consul Flavius Mallius Théodosius. Son collègue était l'ennuque Eutrope dont la mémoire fut condamnée. C'est pour cela, sans doute, que certains manuscrits ont *coss* au lieu de *cos*.

SAPIDIANUS. V. A.

399-400

Nous venons de dire que Sapidianus était en fonctions le 25 juin 399. C'est ce que montre la loi 34 *de episcopis* (C. Th., XVI, 2). Cette loi se trouve au code de Justinien (1. 13 *de episcopis*, I, 3). Elle confirme et sanctionne les privilèges de l'Eglise d'Afrique et des clercs.

Le Code théodosien contient deux autres textes au nom de Sapidianus. L'un d'eux (1. 30 *de Annona et tributis*, XI, 1) lui donne expressément le titre de vicaire. Il porte en tête les noms des empereurs Arcadius, Honorius et Théodose II et est ainsi daté : *Dat. prid. non. Sept. Altino, Arcadio A.* VI *et Probo coss*, ce qui correspond au 4 septembre 406. Cette loi abroge les réductions du *canon frumentarius* que des débiteurs auraient pu obtenir par rescrit, et interdit sévèrement pour l'avenir toute demande de pareilles faveurs. L'autre texte (l. 9 *de metalis*, VII, 8) vise les biens de Gildon attribués au fisc. Honorius et Théodose figurent seuls en tête, il n'est pas fait mention du titre de vicaire et à la date nous lisons : *p. p. Carthagini* VIII, *id Aug. Honorio* VIII *et Theodosio* III *A. A. coss*, (6 août 409).

Faut-il conclure de là que Sapidianus est resté vicaire d'Afrique pendant toute la période de 399 à 409 ? C'est impossible, car nous allons trouver la fonction occupée en 403 par Strategius et en 404 par Cecilianus.

Godefroi, dans la *notitia dignitatum* placée à la fin de son commentaire du code théodosien, suppose que Sapidianus a été, à deux reprises, vicaire d'Afrique. Mais dans le cours de l'ouvrage, il exprime l'opinion plus plausible, à mon sens, que les dates de ces deux lois doivent être corrigées.

Il rapproche la première de la constitution 5 *de canone frumentario urbis Romae* (XIV, 15) qui est de 399. Elles ont toutes deux même objet, elles portent également à la date : *data prid. non septemb. Altino.* Nous savons de plus qu'Honorius, pendant l'automne de l'année 399, a séjourné à Altinum(1), tandis qu'il a passé toute l'année 406 à Ravenne. Il faudrait donc remplacer les noms des consuls par ceux de Fl. Mallius Theodorus et d'Eutrope. Mais Haenel ne l'entend pas ainsi dans la note placée sous la loi 30. Les lois 27, 28, 29 sont des années 400 et 401, dit-il, or on sait que les constitutions son classées dans chaque titre du code théodosien suivant l'ordre chronologique ; Honorius, il est vrai, a passé, ajoute-t-il, l'année 406 à Ravenne, mais on ne peut en conclure qu'il n'est pas allé du tout à Altinum.

____

(1) L. 15 *de exactionib* , XI, 7 (28 sept) ; l. 16 *de bonis proscriptor,* IX, 42 (1er décembre).

En dépit de ces objections très sérieuses, je préfère cependant les raisons de Godefroi et M. Otto Seck, dans son édition des œuvres de Symmaque (p. CCIV, note 1034), a accepté également la rectification proposée.

Quant à la loi 9 *de metalis*, quoiqu'elle n'indique pas la fonction de Sapidianus, son texte, qui vise, comme je l'ai dit, la gestion du patrimoine de Gildon, ramène forcément notre pensée vers l'Afrique. Ce n'est qu'en qualité de vicaire que Sapidianus a reçu cette constitution. J'inclinerais aussi à supposer que la date en a été altérée et qu'elle remonte à une époque plus rapprochée de la révolte du maître de la milice africaine.

Une lettre de Symmaque (IX, 16) adressée à Sapidianus fut vraisemblablement écrite au temps où celui-ci était vicaire. Symmaque lui rappelle qu'il lui a promis des animaux féroces qu'on tirait, chacun le sait, en grande partie, d'Afrique : *interea de animalibus ludorum apparatui praeparandis admonitionem frequentare non desino, cum incam sponsionem, quod jam me istius curae vacuum reddidisti.*

<hr>

GAUDENTIUS. C. A.
399-401

Il exerçait les fonctions de comte d'Afrique, avec le titre de *vir clarissimus*, le 20 mars 401, comme en témoigne la loi 3 *de equorum collatione* (C. Th., XI, 17) :

Equos canonicos militaris diœceseos Africanae, secundum subjectam notitiam singularum provinciarum ex praesenti duodecima indictione jussimus adaerari : in tribuendis viris clarissimis comitibus stabuli sportulis in binis solidis pro singulis equis servari consuetudinem decernentes. Quam formam quotannis observari praecipimus, ut, SECUNDUM POSTULATIONEM GAUDENTII VIRI CLARISSIMI COMITIS AFRICAE, *devotissimo militi septeni solidi pro equis singulis tribuantur.*

Gaudentius était déjà depuis deux ans en Afrique, car c'est évidemment de lui qu'il s'agit dans le passage suivant de Saint-Augustin : ... *consule Mallio Theodoro*... *in civitate notissima et eminentissima Carthagine Africae, Gaudentius et Jovius* (1) *comites imperatoris Honorii, quarto decimo kalendas aprilis falsorum deorum templa everterunt et simulacra fregerunt.* (*De civitate Dei*, xviii, 54. Migne, vii, 620). Cette date correspond au 19 mars 399 (2).

La loi 3 *de equorum collatione* est du 21 mars 404 ; le 13 juillet suivant, Gaudentius est remplacé par Bathanarius, beau-frère de Stilicon.

Plusieurs personnages ayant porté, à la fin du quatrième et au commencement du cinquième siècle, le nom de Gaudentius, il est impossible d'établir l'attribution de certains textes. On ne sait pas, par exemple, si le comte de 401 ne revint pas en 409 comme vicaire, ce qui n'aurait rien de surprenant, cette dernière fonction conférant un rang supérieur. On ne sait si trois passages des lettres de Symmaque (iv, 38 ; vii, 45 ; ix, 133) se rapportent à lui. J'en doute cependant, car le Gaudentius dont il y est question nous apparaît comme très effacé ; les seuls titres qui le recommandent semblent être sa grande modestie derrière laquelle se cache une illustre origine. Il est difficile de croire qu'en 398-399, date des deux premières lettres, Symmaque se fût contenté de parler ainsi d'un des grands officiers de l'empire.

Il serait plus intéressant d'établir d'une façon indiscutable que le comte Gaudentius était le père d'Aetius. De Vit (*Onomasticon*, iii, p. 211) recule devant l'identification. Mais Gode-

----

(1) Le titre de comte d'Afrique appartenant à Gaudentius, quelle était la qualité de Jovius ? Bœcking (*Not. dignit.*, ii, p. 511) pense qu'il était peut-être comte de la Tingitane ; mais je ne vois pas comment il aurait eu compétence pour agir à Carthage. On ne saurait, pour la même raison, proposer de voir en lui un vicaire d'Afrique. Il était vraisemblablement délégué avec mission spéciale de l'empereur.

(2) Elle est confirmée par le témoignage d'Idace et par celui du chroniqueur connu sous le nom de Prosper Tiro. Cf. Tillemont, *Hist. des Empereurs*, v, p. 511 à 520.

froi, dans son commentaire sur la loi 1 *de terris limitancis*
(C. Th., VII, 15), et Tillemont *(Hist. des Empereurs,* VI, p. 179),
pensent avec raison, je crois, qu'elle s'impose. Au point de vue
des dates, il y a convenance et Grégoire de Tours *(Hist. fran-
cor,* II, 8) nous présente le père d'Aetius comme un officier
arrivé jusqu'au grade de *magister equitum : Gaudentius pater
(Aetii) Scythiae provinciae primoris loci a domesticatu
exorsus militiam usque ad magisterii equitum culmen provectus est.* Zozime (V, 36) nous dit que parmi les otages de-
mandés par Alaric en 408, après la mort de Stilicon, se trouvait
Aetius, fils de Gaudentius. Le chroniqueur Prosper Tiro nous
renseigne sur la fin de cet officier : *Aetius, Gaudentii comitis
a militibus in Galliis occisi filius....* (Patrologie latine de Migne, tome 51, col. 862).

Quoiqu'il en soit, c'est pendant le passage du comte Gaudentius en Afrique, le 20 juillet 399, que fut rendue une constitution très obscure, la loi unique *de Saturianis et Subafrensibus
et occultatoribus eorum* (C. Th., VII, 19). Quoique adressée au
préfet du prétoire d'Italie, cette loi vise l'Afrique. Mais on se
demande quels sont ces Saturniani et ces Subafrenses dont la
conjuratio provoque les foudres impériales. Godefroi, dans son
commentaire, pense que Saturniani est là pour Austuriani, nom
de cette tribu barbare dont il a été question plus haut à propos
du comte Romanus, et il identifie les Subafrenses avec les Maziques. C'est aussi l'opinion de Tillemont *(Hist. des Empereurs,*
V, p. 508).

La difficulté n'est pas près d'être éclaircie.

BATHANARIUS. C. A.
401-408

Bathanarius avait remplacé Gaudentius dès le 13 juillet 401,
comme on l'a vu plus haut. A cette date, en effet, nous trouvons une constitution portant la suscription : *Bathanario comiti*

Africae (l. 17, C. Th., *de bonis proscriptorum*, IX, 42). Elle est relative à la confiscation des biens d'un certain Marcharidus qui, suivant Godefroi, aurait été comte d'Afrique (1).

Zozime nous apprend que Bathanarius avait épousé la sœur de Stilicon (v, 37). Ce fut sans doute la cause de son élévation, ce fut aussi celle de sa chute. Le même historien ajoute qu'il fut mis à mort et remplacé par Heraclianus, le meurtrier du premier ministre d'Honorius (2).

Saint-Augustin (*De civitate Dei*, XXI, 4; Migne, VII, 714) nomme Bathanarius *quondam comes Africae,* à propos d'une expérience que l'évêque Sévère de Mileu lui avait vu faire avec un aimant.

STRATEGIUS. V. A.
403

La loi 3 *ad legem Juliam de ambitu* (C. Th., IX, 26), du 30 mai 403, lui est adressée. Godefroi la date, sans raison, semble-t-il, du 31 décembre précédent. Cf. Haenel sous ce texte.

Cette constitution se retrouve au Code de Justinien (loi unique au même titre, IX, 26). Mais elle a été soudée à un autre texte adressé au proconsul d'Afrique Pompeianus en 400.

On retrouve Strategius, en 410, remplissant les fonctions de *Comes rei privatae per Orientem*. L. 50 *de haereticis* (C. Th., XVI, 5).

---

(1) *Videtur hic fuisse comes Africae Gildoni suffectus, cui Bathanarius postea succedit,* dit Godefroi dans la *Prosopographia* placée à la fin de son commentaire du Code Théodosien. C'est impossible, car Bathanarius a succédé immédiatement, on vient de le montrer, à Gaudentius qui, lui-même, était en fonctions depuis le mois de mars 399. Il est plus naturel de voir dans Marcharidus un de ces complices de Gildon que les textes appellent *satellites Gildonis,* et c'est, du reste, ce que Godefroi paraît dire dans son commentaire de la constitution précitée. Bocking, *not. dignit.* II, 511, exclue également Marcharidus de sa liste. Godefroi remarque la forme du nom de Marcharidus qui est évidemment d'origine franque et correspond au nom moderne Marquard.

(2) On sait que Stilicon fut mis à mort le 23 août 408.

Nous avons une lettre de Symmaque (VIII, 46) qui lui était adressée en 396, c'est-à-dire à une époque bien antérieure à sa mission en Afrique.

CÆCILIANUS. V. A.

404

Une constitution du 8 avril 404, insérée au Code Justinien (l. 4 *de adsessoribus et domesticis*, I, 51), est adressée *ad Caecilianum vicarium*. Elle vise l'intervention irrégulière des *domestici* des gouverneurs *(judices)* dans les actes publics.

Que ce Caecilianus fut vicaire d'Afrique, c'est ce qui ressort nettement d'une lettre de Saint-Augustin (ép. 86 ; Migne, II, 296).

Pour comprendre le sens de cette lettre, il faut remonter plus haut et voir les événements dont l'Afrique était alors le théâtre. La part que les donatistes avaient prise à la révolte de Gildon avait donné une nouvelle acuité à leurs rapports avec les catholiques. Tandis que le pouvoir civil les traitait en ennemis, les prédications de Saint-Augustin avaient aussi réveillé les vieilles polémiques. Les conciles se multipliaient pour convaincre les dissidents et les ramener à l'unité catholique ; mais la résistance était grande du côté de ceux-ci et se traduisait souvent par des violences dans lesquelles les circoncellions se distinguaient particulièrement.

Un concile général catholique se réunit à Carthage en 401 ; il eut deux sessions qui s'ouvrirent l'une le 16 juin, l'autre le 13 septembre. On y écarta l'idée de recourir à la force et de faire appel à l'autorité impériale pour réduire le schisme ; on s'attacha, au contraire, à faciliter à ses fauteurs les moyens de rentrer dans la communion de l'Église. L'année suivante, le concile général se réunit à Mileu, le 27 août, et se maintint dans les mêmes dispositions pacifiques. Mais ces avances restaient vaines et, en 403, le concile rassemblé à Carthage, le 25 août, décidait d'adresser une sommation aux évêques donatistes pour les obliger à nommer des délégués qui viendraient, contradictoirement avec les catholiques, faire valoir leurs griefs. Une requête était adressée en même temps aux grands officiers; mais on ne leur demandait encore que de faire parvenir la sommation à ses destinataires. Le texte de la requête envoyée au proconsul Septiminus nous a été conservé ; nous savons qu'elle fut remise aussi au vicaire, dont le nom n'est malheureusement pas donné, mais qui devait être Caecilianus, car nous allons voir, par la lettre de Saint-Augustin, qu'il paraît être en Afrique depuis un certain temps. Les donatistes répondirent à la sommation par un refus hautain.

Alors, le concile de Carthage du 26 juin 404 se décida à demander à l'empereur d'intervenir et de frapper. Une légation fut envoyée à la cour. Le 4 février 405, une constitution d'Honorius, adressée au préfet du prétoire Hadrianus, édictait les mesures répressives demandées (lois 4 et 5 *ne sanctum baptisma iteretur*, C. Th., XVI, 6).

Revenons maintenant à Caecilianus et à la lettre de Saint-Augustin. Celui-ci commence par le louer de son zèle pour les intérêts de l'Église et de ses efforts en faveur de l'unité catholique, puis il lui signale la région d'Hippo Regius, ainsi que les confins de Numidie, où ses édits n'ont pas reçu d'exécution : *quantum enim* PER ALIAS AFRICAE TERRAS *te unitati catholicae mirabili efficacia consuluisse gaudemus, tantum dolemus regionem Hipponensium Regiorum et ei vicinas partes confines Numidiae* PRAESIDIALIS *edicti tui vigore nondum adjuvari meruisse, domine eximie et in Christi caritate vere meritoque honorabilis ac suspiciende fili.* Il termine par cette prière : ... *proculdubio providebis ut tumor sacrilegae vanitatis terrendo sanetur potius quam ulciscendo resecetur.*

La rubrique de cette lettre ne donne à Cæcilianus que le titre de *praeses* ; les mots *praesidiali edicti tui vigore,* qu'on trouve dans le texte, édition de Migne, semblent avoir inspiré cette formule. Mais je crois qu'il ne faut pas accepter ces indications sans réserve. Nous voyons, en effet, que l'édit de Cæcilianus embrassait toute l'Afrique, *per alias Africae terras*, et l'on remarquera qu'un peu plus bas, le saint oppose la Numidie à l'Afrique, ce qui indique bien la large compréhension de cette dernière expression. Cette compétence étendue ne peut être celle d'un simple *praeses*. Le titre de *sublimitas tua*, de *magnificentia tua*, indique aussi un fonctionnaire d'ordre supérieur. Enfin, je suis fort porté à penser que l'épithète *praesidialis* se rapporte au mot *Numidiae* plutôt qu'au mot *vigore*. La *Numidia praesidialis*, ce serait la Numidie proprement dite, celle qui a un *praeses*, par opposition à la Numidie Proconsulaire. Il n'y aurait donc, dans ce qualificatif, aucune allusion à la fonction du destinataire de la lettre. Il est vrai que je lis *praesidialis*, au lieu de *praesidiali*, mais Migne nous avertit, en note, que cette leçon se trouve dans certains manuscrits (1).

Godefroi pense que Cœcilianus fut auparavant *praefectus annonae*. C'est à lui que ferait allusion Symmaque (III, 36). M. Otto Seck, qui admet cette identification, assigne à son entrée dans cette fonction la date de 397. (Œuvres de Symmaque, pages CXCIV et CCVI). C'est à lui également que seraient adressées les lettres VIII, 14 ; IX, 50 et 58.

Après son vicariat d'Afrique, Caecilianus devint préfet du prétoire. C'est en cette qualité qu'il reçoit diverses constitutions. C. Th., lois 5 et 6 *de exhib vel transmittendis reis*, IX, 2 ; l. 7 *de custodia reorum*, IX, 3 ; l. 12 *de maleficis*, IX, 16 ; l. 1 *ne pastoribus*, IX, 31 ; l. 2 *ut intra annum criminalis actio terminetur*, IX, 36 ; l. 4 *de abolitionibus*, IX, 37 ; l. 3 *de superexactionibus*, XI, 8 ; l. 13 *de fide testium*, XI, 39. — Code Justinien, l. 8 *de defensorib. civitat.*, I, 51. — Il fut élevé à cette dignité par Honorius, dans une circonstance notable. Alaric menaçait Rome ; le Sénat envoya une députation pour lui demander secours ; Cæcilianus en faisait partie. A la cour de Ravenne, on combla les députés d'honneurs, puis on les ren-

---

(1) Morcelli (*Africa christiana*, III, p. 28, sous l'année 405) hésite et se demande si Caecilianus n'était pas plutôt un *praeses* de la Sitifienne. C'est invraisemblable. Ce n'est pas à un gouverneur de la Maurétanie que Saint-Augustin pouvait demander de venir le défendre à Hippone.

voya. Attale fut nommé intendant des largesses sacrées ; Cæcilianus reçut la préfecture du prétoire. — Cf. Zozime, v, 45. — Amédée Thierry, *Alaric*, p. 391. — Tillemont, *Hist. des Empereurs*, v, p. 572.

Cæcilianus revint en Afrique en 414, avec une mission extraordinaire, après la défaite d'Heraclianus. L. 33 *de erogatione militaris annonae* (C. Th., vii, 4). Il s'y trouvait déjà, en 413, au moment du procès du tribun Marcellinus et du proconsul Apringius. J'aurai à revenir plus loin sur la lettre que Saint-Augustin lui écrivit à ce sujet. (Ép. 151 ; Migne, ii, p. 646).

Nous avons vu que Cæcilianus était chrétien. M. de Rossi (*Roma sotteranea* ii, p. 138) s'attache à l'identifier avec l'Octavius Cecilianus dont il a trouvé la sépulture à Rome. L'inscription porte :

Octavius Caecilianus v. c. in pace deposit(us...) maias. Vixit a(nnis) XXXIII m(ensibus) VIII.

Auprès de la précédente, étaient les tombes de sa femme et de sa fille : *Pompeia Attica c(larissima) p(uella) vix(it) a(nnis) XVII, m(ensibus) III, d(iebus) XV. — Pompeia Octabia Attica Caeciliana c(larissima) p(uella) vix(it) men(sibus....) d(iebus) XV.*

JOANNES.   C.   A.
408-409

Tiro Prosper mentionne, sous la 14e année d'Honorius, qui correspond à 408, la mort de Stilicon et celle du comte d'Afrique Joannes : *Inter alia multum rëipublicae Stiliconis morte consultum est, qui saluti imperatoris tendebat insidias.... Joannes comes Africae occisus est a populo.* (Patrologie de Migne, tome 51, col. 861).

C'est tout ce que nous savons sur ce personnage qui aurait été le successeur immédiat de Bathanarius. Notons cependant que l'abréviateur désigné sous le nom de Tiro Prosper est fort sujet à caution : pour ne citer qu'un exemple, il fait mourir Arcadius en 406.

D'un autre côté, nous savons qu'à la mort de Stilicon, des troubles graves éclatèrent en Afrique. Les donatistes et les payens se soulevèrent, espérant que la chute de leur persécuteur avait pour conséquence la disgrâce du parti catholique qu'il protégeait. Ce fut même ce qui motiva les nouvelles lois édictées sur les instances que Saint-Augustin fit auprès d'Olympius, successeur de Stilicon, en novembre 408. Cf. Tillemont, *Hist. des Empereurs*, v, p. 565. Lois 43, 44, 45, *de haereticis*, C. Th., XVI, 5.

Il résulte, cela va sans dire, de la date assignée à la mort du comte Joannes qu'il n'y a rien de commun entre lui et le préfet du prétoire de 412. Cf. la préface du Symmaque de M. Otto Seeck, p. CXCVII.

GAUDENTIUS. V. A.
409

La loi 1 *de terris limitaneis* (C. Th., VII, 15) est adressée *Gaudentio vicario Africae*. Elle est datée du 29 avril 409. Ce Gaudentius est-il le même qui exerçait les fonctions de comte d'Afrique pendant les années 399-401 et que nous avons supposé être le père d'Aetius ? — Je n'ai aucune raison pour répondre négativement ; il me semble seulement que, dans l'état actuel de nos connaissances, on ne peut donner de solution certaine. Godefroi propose de substituer à la formule ci-dessus la leçon : *Gaudentio v(iro) c(larissimo) comiti) Africae*. Haenel rejette avec raison cette correction arbitraire. — Du reste, le même Godefroi la repousse dans le commentaire de cette constitution et ne la propose que dans sa chronique du Code Théodosien. Il est impossible, d'autre part, de soutenir que le comte Gaudentius soit resté en charge jusqu'en 409, car nous connaissons les noms de personnages qui portèrent ce titre dans l'intervalle.

HERACLIANUS. C. A.

409-413

Zozime (v, 37) dit qu'Honorius, ayant condamné à mort Bathanarius, donna sa charge à Heraclianus qui avait tué Stilicon de sa propre main. Nous venons cependant de voir que, d'après le témoignage de Tiro-Prosper, il ne succéda peut-être pas immédiatement au beau-frère du grand ministre et que, dans l'intervalle, il faudrait placer le commandement éphémère de Joannes.

L'histoire du comte Heraclianus sera celle de presque tous les généraux de ce temps et ressemble beaucoup à celle de Gildon. Sa vie contient deux périodes. Fidèle serviteur d'Honorius pendant quatre ans, il défendit l'Afrique et si l'empire lui-même ne devint pas goth, ce fut vraisemblablement à lui qu'il le dut. Mais alors, plein du sentiment de sa force et enivré par le souvenir du service rendu, il crut qu'il n'avait qu'un mot à dire pour atteindre au pouvoir suprême : il se révolta et tomba.

La faveur d'Olympius qui avait renversé Stilicon ne fut pas de longue durée, car sa disgrâce date de la fin de mars 409. Le Préfet du prétoire Jovius, son successeur, ayant, pour des motifs secrets, conseillé à Alaric d'avancer jusqu'à Rimini, afin de traiter de la paix, le chef goth, furieux de voir alors ses propositions repoussées, investit Rome et fit proclamer auguste le préfet de la ville, Attale. C'est alors que commence le rôle d'Heraclianus : le nouveau comte d'Afrique refuse de reconnaître le protégé d'Alaric et reste fidèle à Honorius.

Ce refus de reconnaissance, comme celui de Gildon quelques années auparavant, entraînait de graves conséquences : c'était la famine à brève échéance. Il fallait donc, au plus vite, conjurer le danger. Attale, dit Zozime (vi, 1), ne suivit pas le conseil qu'Alaric lui donnait d'envoyer une armée imposante en Afrique et à Carthage pour enlever le commandement à Heraclianus qui favorisait le parti d'Honorius. Mais il ajouta foi aux promesses des devins qui lui assuraient qu'il se rendrait maître sans peine de

Carthage et de l'Afrique, et, au lieu de Drumas qui, avec ce qu'il avait de troupes étrangères, aurait facilement ôté le commandement à Heraclianus, il confia cette mission à Constantin sans lui donner des forces suffisantes (1). — Peut-être répugnait-il à Attale de voir les barbares prendre pied en Afrique comme en Italie (2). Peut-être se rappelait-t-il le facile succès remporté dix ans auparavant par Mascezel sur son frère Gildon. Mais la situation n'était plus la même : Gildon, caressant le projet de constituer un royaume indigène, avait contre lui tout le parti romain d'Afrique, le plus influent par le rang, par les richesses, ainsi que tous les catholiques. Au contraire, ces mêmes éléments devaient naturellement défendre avec Heraclianus la cause d'Honorius contre les envoyés d'une créature d'un roi barbare et arien.

L'expédition de Constantin échoua donc et son chef fut tué (Zozime, VI, 8; Sozomène, IX, 8; Philostorgue, XII, 3) (3). — « Heraclianus, dit Zozime, garda alors si soigneusement les ports d'Afrique qu'il ne venait plus à Rome ni blé, ni huile, ni aucune autre provision. Aussi, la famine y fut-elle plus grande que jamais. Ceux qui avaient des vivres et des marchandises les cachaient pour les vendre plus cher quand la disette aurait augmenté. Le désespoir fut si extrême que plusieurs crurent qu'on serait bientôt réduit à manger de la chair humaine et que quelques-uns crièrent dans le cirque qu'il fallait la tarifer. » Pendant ce temps, Heraclianus ne se contentait pas de défendre les provinces confiées à sa garde : il envoyait encore de l'argent à Honorius qui l'employa à solder les troupes.

Attale qui était auprès d'Alaric revint alors à Rome. Il trouva le Sénat disposé à accepter l'offre de secours que réitérait Alaric (Zozime, VI, 12). Mais indigné, il s'y opposa encore et rompit la

---

(1) Bœcking classe Constantin parmi les comtes d'Afrique. Rien ne me donne à penser qu'il ait été investi de ce titre par le pseudo-empereur.

(2) Cf. Amédée Thierry, *Alaric,* p. 418.

(1) Voir aussi le récit de Procope, *De bello Vandalico,* I, 2. Il contient quelques variantes.

délibération avant le vote de l'assemblée. Puis, sur le refus du préfet du prétoire de prendre le commandement d'une nouvelle expédition, il la confia à un personnage que l'histoire ne nomme pas et qui ne fut pas plus heureux que Constantin. Mais nous n'avons aucun détail sur l'aventure.

Cela se passait à la fin de 409. Après le sac de Rome (24 août 410), Alaric essaya de passer lui-même en Afrique. Mais une tempête détruisit, sous ses yeux, dans le détroit de Sicile, la flotte qui portait son armée. On sait que le chef des goths mourut peu après (1).

Cette mort rendit à Honorius une partie de ses états. L'Afrique et l'officier qui avait su si bien la défendre avaient droit à sa reconnaissance. Plusieurs constitutions attestent qu'il n'oubliait pas sa dette.

Dès le 25 juin 410, il avait édicté à Ravenne une constitution faisant remise aux africains de tout ce qu'ils devaient au trésor public jusqu'à la fin de la cinquième indiction (408). Cette loi est adressée au proconsul Macrobius (l. 6, C. Th., *de indulgentiis debitorum*, xi, 28).

La loi 5 au même titre, du 25 novembre de la même année, adressée *honoratis et possessoribus per Africam*, contient une disposition analogue ; elle va même plus loin, puisqu'elle accorde une remise complète (2).

La pacification religieuse de l'Afrique attira aussi la sollicitude de l'empereur. Il avait rendu, en 409, un édit de tolérance en faveur des payens et des schismatiques. On a supposé avec quelque vraisemblance qu'il agissait à l'instigation d'Heraclianus et du proconsul d'Afrique Macrobius qui pensaient qu'en traitant trop rigoureusement les non catholiques, on risquait de les jeter dans le parti d'Attale, comme autrefois les complai-

---

(2) D'après Jornandez *(Hist. des Goths,* x), Alaric gagnait l'Afrique avec l'intention de s'y établir : *per Siciliam in Africam quietam patriam transire disposuit.*

(3) On remarquera que les rédacteurs du Code Théodosien se sont ici écartés de l'ordre chronologique, cette loi 5 étant postérieure à la loi 6. Cf. les observations d'Haenel à ce sujet.

sances de Gildon à l'égard des donatistes avaient eu pour effet
d'éloigner de lui les catholiques. (Cf. Tillemont, v, p. 576). Mais
le concile de Carthage du 14 juin 410 se plaignit de cette loi.
Aussi, la réponse ne se fit-elle pas attendre, car une constitution, du 25 août (le jour même du sac de Rome), contenait les
dispositions suivantes (l. 51 *de haereticis*, C. Th., xvi, 5) :

Oraculo penitus remoto, quo ad ritus suos haereticae su-
perstitiones obrepserant, sciant omnes sanctae legis inimici
plectendos se poena et proscriptionis et sanguinis, si ultra
convenire per publicum, exsecranda sceleris sui temeritate
tentaverint.

C'est, on le voit, la révocation pure et simple de l'édit de tolérance accompagnée de sanctions draconiennes.

Mais on ne s'arrêta pas dans cette voie. Les évêques catholiques, se sentant tout-puissants, étaient résolus à en finir avec le
donatisme. Ils obtinrent l'envoi en Afrique du tribun et notaire
Fl. Marcellinus, avec mission d'aplanir les difficultés d'ordre
religieux. L. 3 *de religione* (C. Th., xvi, 11), du 13 ou 14 octobre 410. C'est sous la présidence du tribun Marcellinus que
se tint la célèbre conférence de Carthage, entre catholiques et
donatistes, les 1er, 3 et 8 juin 411.

Je relève, dans la suite, une autre constitution adressée à
Heraclianus (l. 56 *de haereticis*, C. Th., xvi, 5) ; mais elle est
datée du 25 août 415. Or, Heraclianus étant mort en 413, il
semble qu'une correction du texte s'impose. Cependant, Godefroi a donné une explication très plausible, à mon avis, de cette
anomalie. Le texte de cette constitution ne fait guère que re-
produire celle au même titre qui porte le n° 51. Il est probable
que les donatistes, après la mort d'Heraclianus et la condamnation de sa mémoire, ayant voulu considérer comme abrogées les
dispositions prises contre eux par l'empereur lui-même pendant
le commandement militaire du général rebelle, on dut procéder
à une seconde promulgation de la loi de 410. 415 serait la date
de cette nouvelle promulgation.

L'année 413 vit élever Heraclianus au consulat : *Heraclianus interea Africae comes missus, cum idem Attalus umbram gestaret imperii, Africam strenue adversum judices ab eo missos tutatus, consulatum assecutus est.* Orose, VII, 42. La loi qui condamne la mémoire d'Heraclianus et dont on trouvera le texte plus bas fait aussi allusion à son consulat.

Cette élévation était-elle l'expression spontanée de la gratitude impériale en face de longs et loyaux services ? Il est permis d'en douter et de voir là un effort pour maintenir dans le devoir un officier qui depuis longtemps marchandait sa fidélité et se comportait comme le souverain de fait de l'Afrique. Saint-Jérôme n'a pas de termes assez énergiques pour qualifier la conduite du comte d'Afrique quand, après le sac de Rome, les fugitifs vinrent chercher sur le sol africain un asile sûr. Il l'accuse d'avoir obligé ces malheureux à lui payer rançon, faisant vendre comme esclaves pour être transportés dans des régions lointaines ceux qui n'avaient pas assez pour payer le terrible droit d'entrée qu'il exigeait d'eux. Cf. Amédée Thierry, *Alaric*, p. 466 et suiv. — Saint-Jérôme, épître 130, *ad Demetriadem*. Édition Migne, I, 1107. *In Ezechiel*, 28. Migne, v, 267-268. — Ces abus de pouvoir ne durent pas manquer de susciter des plaintes et ils ne furent sans doute pas les seuls ; mais sa haute situation, les forces importantes dont il disposait obligeaient à le ménager et l'on temporisa. Pendant ce temps, il se plaignait des intrigues de cour dont il se prétendait être victime. La dignité de consul qu'on lui déféra ne modifia pas ses dispositions. Aussi bien son mécontentement était-il exploité par son gendre et son assesseur Sabinus, homme rusé et intelligent, nous dit Orose. (*Histor.*, VII, 42).

La date exacte de la révolte d'Heraclianus a donné lieu à quelques discussions. Idace la place en 412, en même temps que celle de Jovinus et Sébastianus en Gaule, et il met leur chute en 413. (Chroniq., XVIII. Migne, *Patrologie*, LI, col. 877). De plus, la loi 21 *de poenis*, qui déclare le comte d'Afrique ennemi public (C. Th., IX, 40), porte la date suivante : *Data III non. jul. Rav(ennae) Honorio IX et Theod(osio) V augustis coss.* Ce qui correspond au 5 juillet 412.

Je crois cependant avec la plupart des chronologistes et notamment avec Godefroi, Tillemont (1), Clinton, qu'Idace se trompe et que le texte précité du Code Théodosien doit être corrigé. Il résulte d'abord de la loi 13 *de infirmandis his quae sub tyran.* (xv, 14), du 3 août 313, qu'Heraclianus a effectivement exercé le consulat : *submovenda esse jubemus quaecunque sub eo* GESTA ESSE DICUNTUR. *Libertates quoque (quòniam certum est scelere ejus solemnitatem consulatus esse pollutam) in melius revocamus,* dit Honorius en parlant des affranchis qu'Heraclianus a faits comme consul. Or, ce consulat correspond bien à l'année 413. Nous avons, en effet, les noms des deux consuls de 412 et les actes qui se rapportent à 413 n'en nomment jamais qu'un seul : l'autre est évidemment celui dont la mémoire a été condamnée. Nous avons, au surplus, le témoignage positif de Prosper d'Aquitaine qui, nommant le consul Lucianus de 413, ajoute : *hujus collega in consulatu fuit Heraclianus qui novarum in Africa rerum reus et honorem misit et vitam.* (Patrologie de Migne, LI, col. 591). La date de la constitution qui déclare Heraclianus ennemi public doit donc être vraisemblablement ainsi corrigée : *Data III non. jul. Ravennae P(ost) Honorio IX et Theod(osio) V coss.*

Godefroi a même fait un rapprochement qui confirme sa correction. Il a établi que quatre textes (l. 12 *de diversis rescriptis,* C. Th., i, 2; l. 4 *de jure liberorum,* C. Th., viii, 17; l. 6 *de inofficioso testam,* C. Th., ii, 19, et l. 19 *de testamentis,* Cod. Just., vi, 23) ne sont que des fragments d'une même constitution adressée à Joannes, préfet du prétoire. Or, si les deux premiers portent uniformément *data XVI kal. mart Rav. Honorio VIIII et Theodosio V,* les deux autres, plus complets, donnent : *Post consulatum Honorii VIII et Theodosii V.*

Une autre loi permet de préciser encore davantage (l. 3 *de scenicis,* C. Th., xv, 7). Sans nous arrêter à une interversion

---

des noms des consuls, sur laquelle tout le monde est d'accord,
nous remarquerons qu'expédiée de Rome le 6 des ides de février (8 février) 413, elle ne fut reçue à Carthage que le 10 des
kal. de février (23 janvier) 414. Qu'en conclure, sinon qu'à la
première date, on ignorait encore à Rome la révolte du comte
d'Afrique et que la nouvelle, arrivée peu après, vint suspendre
l'expédition de la constitution ? C'est donc au printemps 413
qu'il faudrait placer le commencement de la rébellion. Nous
venons de voir que la loi qui déclare Heraclianus ennemi public
est du 5 juillet suivant, mais on ne saurait dire si elle précéda
ou suivit la défaite de l'armée africaine à Otricoli, quoique cette
dernière hypothèse me paraisse préférable, comme on va le
voir plus loin.

Le comte d'Afrique commença naturellement par retenir les
envois de blés destinés à l'Italie (1). Depuis Clodius Macer, sous
Galba, c'était l'usage constant de tous les révoltés. (Orose, VII,
42). Cet acte dut paraître d'autant plus inquiétant que les chroniqueurs signalent, pendant cette même année, une grande famine dans les Gaules. (Cf. Tiro Prosper. Migne, LI, 862).

Le rebelle ne s'en tint pas là. Plus hardi que les autres, il
n'attendit pas qu'on vînt l'attaquer chez lui ; il préféra aller dic-
ter lui-même sa loi à Rome. Il arma une flotte qui, d'après le
comte Marcellin, ne comptait pas moins de 700 voiles et était
montée par 3,000 hommes. Orose donne des chiffres beaucoup
plus forts ; il parle de 3,200 vaisseaux, grands ou petits. Ce dernier chiffre est peut-être exagéré, mais il n'a rien d'invraisemblable ; il ne faut pas oublier qu'il y avait dans les ports toute la
flottille des naviculaires attendant l'annone et qu'on dut l'utiliser pour l'expédition.

Heraclianus débarqua en Italie sur un point que nous ignorons et s'avança vers Rome avec son armée. Il arriva sans en-
combre jusqu'à Otricoli, en Ombrie. Mais, là, il se rencontra

____

(1) La première rentrée de l'impôt en nature était effectuée au commencement de mars et le convoi prenait la route de l'Italie en avril.
La seconde rentrée était fixée aux kalendes de juillet et l'envoi avait
lieu de la fin de septembre à la fin d'octobre. Cf. Pigeonneau. *L'Annone rom.*, dans la *Revue de l'Afrique française*, 1886, p. 231.

avec le comte Marinus qu'Honorius envoyait contre lui. La bataille s'engagea et le comte d'Afrique vaincu reprit peu après, en fugitif, la route de Carthage. Il aurait laissé 50,000 hommes sur le terrain.

C'est alors vraisemblablement que fut rendue la constitution 21 *de poenis*, du 5 juillet 513, dont il a déjà été question. Adressée *Honoratis et provincialibus Africae*, elle paraît supposer par son contexte qu'Heraclianus, vaincu et poursuivi, est rentré dans sa province et que l'heure de la vengeance a sonné pour lui et ses complices. C'est la loi qu'on lance contre les proscrits, non celle qu'on édicte pour maintenir dans la fidélité des sujets que sollicite un ennemi menaçant et victorieux : *Heraclianus*, dit ce texte, *hostem publicum judicantes, digna censuimus auctoritate puniri, ut ejus resecentur infaustae cervices. Ejus quoque satellites pari intentione persequimur. Sed hanc omnibus privatis atque militantibus licentiam damus ut omnes prodendi in medium habeant liberam facultatem. Nec invidiam metuat qui ad publicum deduxerit criminosum ; cum illud specialiter caveamus, ne ullus aliquem eorum aut subtrahendum judicet, ant celandum, neve ex eorum facultatibus, vel deposita deneget, vel accepta non prodat.* Si, du reste, cette loi de proscription avait visé Heraclianus marchant sur Rome, elle n'eût pas été adressée aux seuls habitants de l'Afrique.

Traqué de toutes parts, le rebelle ne tarda pas à tomber au pouvoir de ses ennemis. Il fut exécuté à Carthage, dans le temple de la mémoire. (Orose, vii, 42 ; Idace, *Chroniq.* — Le comte Marcellin, *Chroniq.*). Les diverses sources, qui mentionnent sa mort, la placent en 413. Lenain de Tillemont suppose même qu'elle était déjà connue à Rome le 3 août, quand Honorius signa la loi qui condamnait sa mémoire, effaçait son nom des fastes et annulait les actes juridiques accomplis sous son autorité (1). (*Hist. des Empereurs*, v, p. 614, et *Hist. ecclés.*, xiv,

---

(1) Les affranchissements faits sous lui étaient maintenus ; mais il devait en être rédigé de nouveaux actes. Voir plus haut p. 136.

p. 612). On remarque cependant que, malgré ces dispositions sévères, le nom d'Heraclianus a été maintenu au Code Théodosien, en tête des deux constitutions 54 et 56 *de haereticis* qui lui sont adressées.

Il ne paraît pas qu'il ait, en s'insurgeant, pris le titre d'auguste. Il n'y a pas de monnaies frappées à son effigie.

Sabinus, son gendre, put s'enfuir à Constantinople, mais il fut livré à Honorius et condamné à l'exil. — Orose, VII, 42.

Les biens d'Heraclianus furent confisqués et donnés à Constance qui les employa l'année suivante à l'occasion de son consulat. (Olympiodore, dans la *Bibliothèque* de Photius, ch. 80).

In his diebus, ajoute Orose, *praecipiente Honorio et adjuvante Constantio pax et unitas per universam Africam Ecclesiae catholicae reddita est et corpus christi, quod nos sumus, redintegrata discissione, sanatum est imposita, exsecutione sancti praecepti Marcellino tribuno, viro in primis prudenti et industrio, omniumque bonorum studiorum appetentissimo.* Il s'agit du jugement rendu par Fl. Marcellinus à la suite de la conférence de Carthage en 411.

MARINUS. C. A.
fin de 413

Le vainqueur d'Heraclianus, reçut, pour prix de son succès, le titre de comte d'Afrique. Il fut chargé de poursuivre le vaincu et ses complices par une loi qui prescrivait de n'épargner personne ; il s'y conforma, déployant un zèle qui lui fit dépasser la mesure. Une de ses victimes fut le tribun Flavius Marcellinus que l'empereur, deux années auparavant, avait envoyé, comme nous venons de le voir, pour trancher le différend entre catholiques et donatistes. Il était sans doute resté à Carthage pendant l'insurrection. Quelles raisons Heraclianus avait-il eues pour ne pas l'inquiéter? On l'ignore. Les donatistes condamnés par lui ne manquèrent pas sans doute d'exploiter cette circonstance. Toujours est-il qu'ils se réjouirent de le voir enveloppé dans la proscription et applaudirent à son supplice qui eut lieu à Carthage même, malgré les efforts de Saint-Augustin. Saint-Jerome, faisant allusion à cette intervention des donatistes, dit qu'il fut tué par eux. (*Adversus Pelagian*, III, 6.; Migne, II, 588-589). L'Eglise l'a placé au rang des Saints.

Saint-Augustin, dans la lettre 151 (Migne, II, 646,) s'étend longuement sur ce procès. Je n'en retiendrai que ce qui a trait à Marinus et à la date du supplice de Marcellinus sur laquelle il y a quelques hésitations. Cette lettre est adressée à Cæcilianus que nous avons vu vicaire d'Afrique en 404. Il était très lié avec Marinus et se trouvait, pour une raison que j'ignore, à Carthage au moment du procès dans lequel il joua un rôle assez louche. On l'accusait d'avoir pressé, ou, tout au moins de n'avoir pas dissuadé le comte d'Afrique de sévir pendant que, d'un autre côté il calmait les inquiétudes de Saint-Augustin et semblait chercher à endormir sa vigilance. Le bruit courait qu'il obéissait en cela, aussi bien du reste que Marinus, au ressentiment causé par d'anciennes injures. L'évêque d'Hippone déclare cependant ne pas croire à ces insinuations. Il est à remarquer que, dans sa lettre, Saint-Augustin évite de prononcer les noms de Marcellinus, de son frère qu'on suppose être Apringius, l'ancien proconsul d'Afrique et de Marinus (1).

Flavius Marcellinus fut donc arrêté avec son frère. Sur les instances des évêques catholiques, on obtint de Marinus l'envoi à la cour de Rome d'un évêque et d'un diacre pour intercéder en faveur des prisonniers. Le comte d'Afrique promit de suspendre sa décision jusque là. Il n'en fit rien et, sans attendre le retour des envoyés, il jugea et fit exécuter brusquement les deux frères donnant pour raison un ordre exprès qu'il avait reçu de la cour. Quelques jours après l'évêque et le diacre arrivaient : l'empereur prescrivait de remettre immédiatement et sans jugement Marcellinus et Apringius en liberté.

---

(1) Cf. sur ces divers personnages Tillemont, Morcelli, de Vit, *Onomasticon*, etc.

Il y a quelques doutes, ai-je dit, sur la date du supplice. Baronius et les Bollandistes placent la fête de Marcellinus le 6 avril 414. Mais Saint-Augustin dit positivement, en l'accompagnant de détails précis, que ce fut la veille de la fête de Saint Cyprien, c'est-à-dire le 13 septembre. Comme Marinus ne devait plus être en fonctions en 414, lors de la loi qui réhabilita la mémoire de sa victime (30 août de cette année), c'est donc en 413 que l'évènement dut avoir lieu.

A quel sentiment obéissait Marinus en agissant ainsi? Saint-Augustin se refuse à le dire : *gratuita igitur crudelitate, nulla necessitate (quamvis et aliae causae, quas suspicamur nec opus est committere litteris, forsitan fuerint) atrociter contristavit ecclesiam.* A ce propos, le saint rappelle, en termes assez obscurs, que le comte et son frère avaient été jadis bien heureux de trouver asile dans l'église : *ad cujus ecclesiae graemium frater ejus, metuens perire, confugerat ut eum vivum tantis sceleris consiliarium reperiret : cujus ecclesiae etiam ipse, cum* PATRONUM *offendisset, petivit asylum nec ei potuit denegari.* On a cru pouvoir déduire de ce passage que Marinus avait eu d'humbles commencements.

La mort de Marcellinus ne tarda pas à être châtiée, car le comte d'Afrique fut immédiatement rappelé et dépouillé de ses titres et de ses biens, nous dit Orose (VII, 42) : *quem (Marcellinum) Marinus comes apud Carthaginem (incertum zelo stimulatus, an auro corruptus) occidit : qui continuo revocatus ex Africa, factusque privatus, vel ad poenam, vel ad poenitentiam conscientiae suae dimissus est.*

On trouve au Code Théodosien une constitution adressée : *Mauriano comiti domesticorum et vices agenti magistri militum (1 de venatione ferarum, xv, 11).* Elle est datée du 20 mai 414. Godefroi a pensé qu'il s'agissait de Marinus. Je repousse cette identification en contradiction avec le témoignage si précis d'Orose. Ce ne peut être le comte d'Afrique disgrâcié quelques mois, quelques semaines peut-être auparavant qu'on retrouverait ici dans un poste d'avancement. Bœcking et Morcelli pensent aussi qu'il s'agit d'un personnage différent. Toutefois, M. Otto Seeck (*Questiones de Notitia dignitat* p. 11) conclut comme Godefroi en faveur de l'identification.

MACEDONIUS. V. A.

414

La condamnation et le supplice de Flavius Marcellinus relevèrent le courage des donatistes qui le considéraient comme un de leurs plus terribles ennemis. Honorius dut rend re contre eux, le 2 juin 414, une loi par laquelle il déclarait que l'autorité des actes de la conférence et du jugement qui les avait suivis restait entière (l. 55 *de haereticis*, C. Th., xvi, 5). Cette loi est adressée au proconsul d'Afrique Julianus.

Or, nous savons par Saint-Augustin que Macedonius était alors vicaire d'Afrique et qu'il rendit un édit pour exhorter les donatistes à la réunion. Ce témoignage est confirmé par Possidius dans la vie de l'évêque d'Hippone (Chap. 20. Migne, *OEuvres de Saint-Augustin*, i, 51).

Le recueil des lettres de Saint-Augustin contient deux épîtres adressées par lui à Macedonius et deux de Macedonius envoyées au Saint.

Macedonius (ép. 152, Migne, ii., 652) demande si la religion veut que les évêques s'emploient auprès des juges pour obtenir la grâce des criminels. Il n'en promet pas moins de faire toujours le plus grand cas des demandes que son correspondant lui adressera dans l'avenir.

Celui-ci (ép. 153., Migne, ii, 653) répond à son cher fils Macedonius, *dilecto filio Macedonio*, et justifie cette intervention.

Dans l'épître 154 (Migne, ii, 665) le vicaire d'Afrique dit à Saint-Augustin avec quel plaisir il a lu les quatre premiers livres de la *Cité de Dieu* que son auteur lui a adressés.

Et Saint-Augustin lui répond (ép. 155, Migne, ii, 666) par une lettre très affectueuse dans laquelle il fait l'éloge de Macedonius, de l'intégrité de ses jugements. Il cite enfin un passage d'une ordonnance que celui-ci a rendue contre les donatistes.

Le nom de Macedonius se trouve incidemment dans la lettre 268 (Migne, II, 1092). Je doute fort qu'il s'agisse du vicaire d'Afrique quoiqu'en dise de Vit. (*Onomasticon*, IV, p. 251).

Le recueil des épitres de Symmaque contient quatre lettres adressées à un certain Macedonius (VII, 26-29). Or, trois personnages de ce nom ont alors exercé de hautes fonctions publiques dans l'empire d'Occident. Il ne s'agit pas de celui qui fut jugé et condamné à mort en 384, pendant que Symmaque était préfet de la ville. Mais il est permis d'hésiter entre le nôtre et un troisième qui fut plus tard *comes rerum privatarum*. M. Otto Seeck pense qu'il ne s'agit ni de l'un ni de l'autre. On sait, en effet, par Libanius, qu'il y avait des Macedonii originaires d'Orient. C'est à l'un d'eux que s'adressait Symmaque qui fait, dans l'une de ses lettres, allusion aux liens qui unissaient son correspondant à Priscus Attalus (le futur empereur d'Alaric), qui était lui-même originaire d'Asie. (*Symmaque*, p. CLXXII.)

Macedonius est le dernier vicaire d'Afrique connu. J'ai dit plus haut (p. 19) qu'il ne fallait pas conclure qu'il n'y en ait plus eu jusqu'à l'invasion vandale (1).

Ce fut, sans doute, sous le vicariat de Macedonius que l'empereur Honorius rendit plusieurs constitutions relatives à l'Afrique, qui méritent d'être signalées.

Trois d'entre elles portent la date du 3 mars 414. L'une (l. 33, C. Th., *de erogatione militum*, VII, 4) ouvre une sorte d'enquête relative aux améliorations à introduire touchant l'impôt de l'annone et désigne, comme l'un des magistrats enquêteurs, ce Caecilianus, ami du comte Marinus dont il a été parlé plus haut, à propos du procès de Flavius Marcellinus et qui avait été précedemment vicaire d'Afrique. Le seconde (l. 14, C. Th. *de curiosis*, VI, 29) supprime les *curiosi*, sorte de contrôleurs impériaux en-

---

(1) Je dois profiter de l'occasion pour signaler la faute d'inattention qui m'a, en cet endroit, fait écrire le nom de Martinianus. C'est de Macedonius qu'il s'agit.

voyés directement de Rome et dont l'institution avait donné lieu
à des abus. — Enfin, la loi 12 *de metatis* (C. Th., vii, 8) supprime l'usage abusif du *jus hospitalitatis.* — Ces trois lois sont
adressées au préfet du prétoire Hadrien. Il est cependant à noter que celle relative aux *curiosi* ne vise pas spécialement
l'Afrique.

A un autre point de vue, il convient de citer deux autres
constitutions auxquelles il a déjà été fait allusion et qui sont
l'épilogue du procès de Flavius Marcellinus. Sa condamnation
avait rendu courage aux donatistes qui prétendaient considérer
désormais comme nuls les actes émanés de la victime de Marinus et notamment la sentence rendue à la suite de la conférence de 411. Le 17 juin 414 intervient une loi sévère qui affirme l'autorité de ces actes. (L. 54 C. Th., *de haereticis*, xvi,
5). — Quelques semaines après, une nouvelle constitution (l. 55
eod. tit.) peut être considérée comme constituant l'acte solennel
de réhabilitation de Marcellinus ; elle est du 30 août 414 : *No-
tione et sollicitudine Marcellini spectabilis memoriae viri,
contra donatistas gesta sunt ea, quae translata in publica
monnmenta habere volumus perpetuam firmitatem. Neque
enim morte cognitoris perire debet publica fides.*

Ces deux lois sont adressées au proconsul d'Afrique Julianus.

BONIFACIUS.   C.   A.
1ᵉʳ Gouvernement. 423 (?) 428

Nous ne savons rien de certain sur l'origine et les commencements de l'homme qui livra l'Afrique aux Vandales. Dans une
lettre adressée à St-Augustin, mais que l'on considère comme
apocryphe, Boniface dit : *Thrax natus, vic Scytham evasi ; du-
ravi invido sub consule miles.* (Migne, Œuvres de St-Augustin,
ii, 1097). Procope, au contraire, en fait un Romain. *(De bello
Vandalico).* Symmaque, dans ses *Relationes* (liv. x, 23, des lettres, p. 296 et suiv. de l'édition de M. Otto Seeck), parle, en

385, d'un officier du palais, du nom de Bonifacius, qui est chargé de procéder à une arrestation : *Felix........ per Gaudentium et Victorem agentes in rebus et Bonifatium palatinum, qui hactenus in officio urbano militavit, violenter adreptus, deducitur in ejus aedes, de cujus mandatis fuerat audiendus.* Mais il est difficile de dire s'il s'agit du futur comte d'Afrique.

La première mention certaine que nous en ayons est dans un fragment d'Olympiodore (Bibliothèque de Photius, ch. 80) : Ataulphe, successeur d'Alaric, ayant, à la tête des Goths, attaqué Marseille en 413, fut repoussé par Boniface et, blessé, dut se retirer.

Nous le trouvons en Afrique dès 417. St-Augustin lui adresse alors deux lettres dans lesquelles il est fait allusion à ses fonctions d'ordre militaire qu'il ne désigne pas d'une façon précise (Ép. 185 et 189. Migne, ii, 792 et 854). Mais nous allons revenir, plus loin, sur cette question. En 422, il combat en Espagne contre les Vandales sous les ordres de Castinus qu'il abandonne à la suite de dissentiments et il faudrait voir dans sa défection la cause des échecs subis par les Romains dans cette province. (Prosper d'Aquitaine, Chronique, Migne, 592-593). Idace raconte les choses différemment et paraît confondre certains faits avec ceux de 427.

C'est l'année suivante, en 423, qu'il est, à ma connaissance, fait allusion pour la première fois à sa fonction de comte d'Afrique par Olympiodore (Bibliothèque de Photius, 80) qui nous dit qu'il resta seul fidèle à Placidie quand Honorius l'exila quelques mois avant qu'il ne mourut.

Je suis assez porté à croire que sa nomination au commandement militaire de nos provinces était récente. Je me fais difficilement à l'idée que le subordonné de Castinus aurait été déjà comte d'Afrique et aurait abandonné son département pour aller exercer en Espagne un commandement secondaire à la tête des auxiliaires Goths (1). St-Augustin, du reste (Ép. 220, no-7.

___

(1) Tel n'est cependant pas l'avis de Marcus. (*Hist. des Vandales*, p. 123). Il pense, sans que je voie sur quoi il se fonde, que Boniface avait déjà le titre de comte d'Afrique.

Migne, II, 995), laisse entrevoir ce que faisait Boniface en Afrique en 417. Dans cette lettre qu'il adresse en 427 au comte devenu rebelle et que nous aurons souvent l'occasion de citer, il parle des fonctions de tribun militaire qu'il a exercées jadis, avant d'être investi de sa haute dignité, et des succès qu'il remporta alors : *Quis crederet, quis timeret, Bonifacio domesticorum et Africae comite in Africa constituto cum tam magno exercitu et potestate,* QUI TRIBUNUS CUM PAUCIS FOEDERATIS OMNES IPSAS GENTES EXPUGNANDO ET TERRENDO PACAVERAT, *nunc tantum fuisse barbaros ausuros, tantum progressuros, tanta vastaturos, tanta loca quae plena populis fuerant, deserta facturos ?*

Quand, après la mort d'Honorius, en août 423, l'ancien préfet du prétoire Johannes, de connivence avec Castinus et Aetius, usurpa la pourpre au détriment de Placidie et de son jeune fils Valentinien, Boniface resta fidèle à la cause de l'impératrice. L'usurpateur dut, pour sauver Rome de la famine, envoyer immédiatement en Afrique une expédition qui échoua et cette diversion, en l'obligeant à diviser ses forces, amena sa chute : *Quo tempore Johannes, dum Africam, quam Bonifacius obtinebat, bello reposcit, ad defensionem sui infirmior factus est.* (Prosper d'Aquitaine). Aetius, qui venait à son aide à la tête d'une armée de Huns, arriva trop tard, mais fut assez habile pour faire accepter sa soumission et rentrer en faveur avec le titre de comte (1).

Pendant trois années, l'Afrique paraît alors avoir joui d'une grande tranquilité. Notons, pendant cet intervalle, deux lois

---

(1) L'abréviateur Tiro Prosper commet ici un anachronisme qu'il est facile de corriger ; il dit que Sigisvultus fut alors envoyé contre Boniface. Or, la mission de Sigisvultus doit être reportée, comme nous le verrons un peu plus loin, en 427, lors de la révolte du comte d'Afrique. Marcus (*Hist. des Vandales,* p. 125), au lieu de constater une de ces erreurs si fréquentes parmi les chroniqueurs de ce temps, suppose que Sigisvultus alla deux fois en Afrique. — Tiro Prosper semble rattacher à l'usurpation de Johannes et sans doute aussi à l'expédition qu'il dirigea contre l'Afrique la reconstruction de l'enceinte de Carthage : *Muro Carthago circumdata quae, ex tempore quo vetus illa destructa est, sanctione Romanorum, ne rebellioni esset, munimento murorum non est permissa vallari.*

adressées au proconsul Georgius. L'une, du 6 juillet 425, confirme les privilèges de l'Eglise catholique et des clercs (l. 46 *de
episcopis*, C. Th., xvi, 2); l'autre, du 4 août de la même année,
est un décret de proscription contre les donatistes et les payens
(l. 63 *de haereticis*, C. Th., xvi, 5).

Mais, durant ce temps, l'orage qui allait embraser l'Afrique
se préparait. Saint-Augustin, dans ses lettres, Procope (*de bello
Vandalico*, i, 3) et Paul Diacre (*Histor.* xiv) sont les auteurs
qui nous fournissent sur ce point le plus de renseignements. Il
est remarquable que le comte Marcellin n'y fasse pas allusion.
Idace est un peu plus explicite (1).

Quoiqu'il en soit, voici les faits les plus saillants : Boniface
retenu en Afrique par ses fonctions avait à la cour des ennemis
jaloux et de sa haute situation et de l'estime particulière que
Placidie professait pour lui. Le plus redoutable de ces ennemis
était Aetius, (2) fils, sans doute, de l'ancien comte, puis vicaire
d'Afrique, Gaudentius, dont il a été parlé plus haut. Officier dis-
tingué comme Boniface, homme de cour habile et moins scru-
puleux, d'une fidélité plus douteuse, comme nous l'avons vu à
propos de la révolte de Johannes, il avait eu peu de peine à se
créer une position considérable. Il était arrivé à un point où
celle du comte d'Afrique pouvait seule lui faire ombrage : débar-

---

(1) Je renvoie pour mémoire à une étude de M. Freemann sur
Aetius et Boniface, parue dans *The English historical review* en
juillet 1887. Je n'ai pu l'avoir, mais on dit qu'elle « met bien en lumière
et s'efforce de résoudre les nombreuses difficultés que présentent la
biographie de ces deux personnages et l'histoire de leur rivalité. Elle
fait notamment la critique du témoignage de Procope. » *Revue his-
torique*, xxx, p. 197.

(2) Suivant Tillemont (*Hist. des emper.*, vi, p. 191) il y aurait
contradiction entre Prosper d'Aquitaine et Procope; le premier ferait
de Félix, grand maître de la milice, le chef des ennemis de Boniface.
D'après le second, ce serait Aetius. Je crois que Tillemont force un
peu le sens des mots. Voici, en effet, ce que dit Prosper d'Aquitaine :
*bellum ad arbitrium Felicis, quia ad Italiam venire abnuerat,
publico nomine illatum est.* Que Félix, agissant de concert avec
Aetius, ait, en vertu de ses fonctions, fait décider et organisé l'expédition, voilà vraisemblablement tout ce que signifie le texte du chroniqueur. Mais Aetius était un personnage autrement important et
c'est bien lui qui a ourdi l'intrigue dont il devait être le premier à
profiter.

rassé de ce rival, il pouvait espérer qu'il serait un jour l'arbitre des destinées de l'empire d'Occident. .

L'intrigue fut habilement ourdie. Il fallait d'abord compromettre Boniface dans l'esprit de l'impératrice; on paraît avoir, dans ce but, exploité surtout le récent mariage qu'il avait fait en Espagne. C'était d'autant plus adroit qu'on plaçait, comme on va le voir, la question sur un terrain où les évêques catholiques pouvaient difficilement défendre l'ami de Saint-Augustin. Devenu veuf, Boniface, chargé, vraisemblablement en 426, d'une mission en Espagne, s'y éprit d'une jeune fille arienne, du nom de Pélagie, parente, disait-on, du roi des Vandales. Abjura-t-elle au moment de son mariage ? C'est un point assez obscur. Toujours est-il que la fille qui naquit de cette union fut baptisée par les Ariens, que ceux-ci ne s'en tinrent pas là et profitèrent de la situation pour faire du proselytisme en Afrique. Cet évènement ne pouvait manquer, comme je l'ai dit, d'avoir un douloureux retentissement parmi les catholiques et, d'un autre côté, l'alliance avec une barbare, peut-être même de sang royal, était un thème facile pour les perfides insinuations.

On finit par persuader à l'impératrice de mander le comte d'Afrique à la cour. Mais comme il était vraisemblable que celui-ci viendrait et n'aurait pas de peine à se justifier, Aetius, feignant de prendre ses intérêts, lui écrivit secrètement que cette invitation cachait un piège, qu'il était condamné d'avance et qu'on ne l'appelait que pour s'assurer de sa personne.

Quand l'homme dont la fidélité avait été constante, qui n'avait pas craint naguère de prendre le parti de Placidie contre Honorius et l'avait soutenue dans sa disgrâce, qui avait ensuite refusé de reconnaître l'usurpateur Johannes, vit qu'on doutait de lui et se sentit menacé, il s'indigna. Sans prendre conseil de ceux qui l'entouraient et auraient pu lui inspirer une conduite plus politique, il refusa nettement d'aller à Rome. Les apparences furent désormais contre lui. Placidie résolut de le briser et envoya une armée en Afrique.

Il ne nous reste, touchant cette expédition, que quelques lignes de Prosper d'Aquitaine et de Paul Diacre. Elle était commandée par trois officiers : Mavortius, Galbio et Sinox. Les deux premiers furent tués, trahis par le dernier qui lui-même trouva peu après la mort : *Bonifacio, cujus potentia gloriaque intra Africam augebatur, bellum ad arbitrium Felicis, quia ad Italiam venire abnuerat, publico nomine illatum est, ducibus Mavortio et Galbione et Sinoce : cujus proditione Mavortius et Galbio, cum Bonifacium obsiderent interempti sunt : moxque a Bonifacio dolo detectus, occisus est.*

Boniface resta donc momentanément maître de la situation en Afrique. C'est alors que St-Augustin lui adressa la lettre 220 (Migne, II, 995) où il lui reproche d'abord ses fautes, son mariage malgré le vœu fait précédemment de garder l'état de continence, le baptême arien de sa fille ; puis il trace le tableau du triste état de l'Afrique menacée et déchirée par les tribus barbares qui l'entourent, depuis qu'on ne s'occupe plus que de la guerre avec Rome ; enfin, il lui donne à entendre qu'il ne sortira de cette situation que par la paix avec l'autorité légitime.

Ici se termine la première partie de la carrière de Boniface en Afrique.

C'est à cette période, sans doute, que se rapporte l'inscription suivante trouvée à Zaghouan, si tant est qu'il s'agisse bien du comte d'Afrique. C. I. L., VIII, 898 :

FELICI HVIVS VRBIS RESTAVRATORI COM*iti*

BONIFACIO..... DOMITORI·V·C· F

Cf. sur ce texte Mowat : *De l'élément africain dans l'Onomastique latine*, publié dans la *Revue archéol.*, XIX, 1869, p. 233.

SIGISVULTUS

428-429

Les conseils de St-Augustin arrivèrent trop tard. Déjà, Rome avait résolu de venger l'échec subi par l'expédition de Mavortius. Sigisvultus, revêtu du titre de comte d'Afrique, s'embarquait avec une armée composée de Goths ariens. (Possidius, *Vita S. Augustini*, 17. Œuvres de St-Augustin, Migne, I, 48).

Prosper d'Aquitaine rapporte l'événement en ces termes : *Exinde gentibus, quae navibus uti nesciebant, dum a concertantibus in auxilium vocantur, mare pervium factum est, belliquc contra Bonifacium coepti in Sigisvultum comitem cura translata est.*

C'est alors que Boniface, se sentant incapable de résister seul à l'orage, se tourna du côté des Vandales d'Espagne. Au fond, il ne faisait qu'opposer des barbares aux barbares qu'on envoyait contre lui. Procope (*De bello Vandalico*, I, 3) dit qu'un traité intervint entre lui et Genseric, par lequel il lui promettait les deux tiers des provinces africaines. Ce fait serait-il exact, il est encore permis de penser qu'il n'était pas dans sa pensée de l'exécuter. Il faisait ce que tant d'autres avaient fait avant lui, notamment Aetius, son rival, quand, quelques années auparavant, il avait levé une armée de Huns pour venir au secours de l'usurpateur Joannes. Il devait comme lui, comme avant lui Stilicon, se dire qu'il s'en débarrasserait facilement après la victoire. Seulement, l'événement trompa son attente.

Les chroniqueurs ne sont pas d'accord sur la date exacte de l'arrivée des Vandales. Tiro Prosper, qui indique l'année 431, doit tout d'abord être écarté. Prosper d'Aquitaine en parle sous l'année 427. Mais la chronique d'Alexandrie la place en 428 et c'est cette date qu'adoptent Tillemont, Clinton (*Fasti romani*). Zumpt (*Annales romani*) pense que l'appel aux Vandales est de 428 et l'arrivée de Genseric de 429. Ce qui donne à penser qu'un certain intervalle sépara ces deux faits, c'est le témoignage d'Idace qui dit que le départ de Genseric fut retardé par la campagne qu'il fit contre le Suève Hermangarius :

Gaisericus rex de Boeticae provinciae littore cum Wandalis omnibus eorumque familiis, mense maio ad Mauritaniam et Africam relictis transit Hispaniis. Qui, priusquam transiret, admonitus Hermigarium Suevum vicinas in transitu

suo provincias depraedari, recursu cum aliquantis suis facto
praedantem in Lusitania consequitur.....Quo exstincto mox
quo coeperat Gaisericus enavigavit.

Victor de Vita (*Historia persecutionis Africanae provinciae*, I,
1) rapporte qu'on évaluait les envahisseurs à 80,000, en comptant
les vieillards, les enfants et les femmes (1). Le même auteur ajoute
que les barbares avancèrent en répandant partout la ruine et la
désolation. On peut aussi consulter Salvien (*de Gubernatione*
Dei) et Tillemont (*Hist. ecclés.*, XIII, p. 899 et suiv.). — Ce dernier ne peut cependant s'empêcher de convenir qu'il y a de l'exagération dans les tableaux de Salvien. Il faut en dire autant sans
doute du témoignage de Possidius et de Victor de Vita. Cf. sur
ce point Marcus, *Hist. des Vandales*, p. 129.

Trois villes seulement leur résistèrent, paraît-il : Carthage,
Constantine et Hippone (Hippo Regius). Que devinrent au milieu
de la tourmente Boniface et Sigisvultus ? Il semblerait que ce
dernier ait commencé par reprendre une partie tout au moins
de la Proconsulaire à son adversaire, car nous avons quatre lois
au Code Théodosien datées de février et avril 429 et qui sont
adressées au proconsul Celer : l. 34 *de annona et trib.* (XI, 1);
— l. 68 *de appellat.* (XI, 30), toutes les deux du 25 février;
— lois 185 et 186 *de decurionibus* (XII, 1), du 27 avril. Il
est remarquable que ces lois supposent l'Afrique tranquille et
c'est un argument pour dire que l'invasion Vandale ne partit
d'Espagne qu'au mois de mai de cette année 429. — La loi 33
de susceptoribus (XII, 6), signée le 15 février 430, ne parle plus
que de la Byzacène. On peut en conclure qu'à cette date, les
barbares étaient maîtres de toutes les autres provinces.

Cependant, Boniface avait des amis à Rome qui ne restaient
pas inactifs. St-Augustin lui-même ne s'était pas contenté d'é-
crire au comte la lettre 220 ; il sentait le danger que courait
l'Église d'Afrique prise entre les barbares et un comte arien à

____

(1) Possidius, *Vita S. Augustini*, 27, dit que l'armée d'invasion ne
se composait pas seulement de Vandales, mais aussi d'Alains et de
Goths.

la tête d'une armée composée surtout de Goths (1). Il dut faire les plus grands efforts pour toucher les catholiques de Rome. Il fit sans doute davantage, car Tillemont (*Hist. ecclés.*, XIII, 929) note le voyage en ce temps de St-Alype à Rome : « Il fallait, dit-il, une occasion de cette importance pour obliger St-Alype, à l'âge où il était, de faire une troisième fois le voyage de Rome. » Le même écrivain relève une autre lettre où l'évêque d'Hippone fait demander à l'évêque Quodvultdeus des nouvelles des évêques qui sont à Rome. (Ep. 228, Migne, II, 1013). Des amis de Boniface firent-peut-être, comme le dit Procope, le voyage de Carthage. Là lumière finit par dissiper les malentendus et éclairer les intrigues d'Aetius.

On s'accorde à voir dans le comte Darius le messager de paix que Placidie envoya à Boniface. Nous avons deux lettres que St-Augustin lui adresse et une des réponses qu'il envoya au grand évêque. (Ép. 229-230-231. Migne, II, 1019 et suiv.). Il ne fut pas difficile au comte Darius de ramener Boniface dans l'obéissance. Celui-ci fut rétabli dans ses fonctions, ses titres lui furent rendus ; on rappela Sigisvultus.

On voit, par ce qui précède, que Bœcking a eu tort de classer Darius parmi les comtes d'Afrique. C'était simplement un envoyé chargé d'une mission spéciale toute de paix, comme dit St-Augustin, dans les lettres qu'il lui adresse.

BONIFACIUS C. A.
(Second gouvernement 430-432)

Darius avait obtenu de Genseric une suspension d'armes jus-

---

(2) Sigisvultus, qui était arien, paraît avoir cherché à faire du prosélytisme parmi les Africains. Il se servait, dans ce but, d'un évêque appelé Maximinus, qu'il avait amené avec lui et contre lequel Saint-Augustin fit plusieurs livres : *Collatio cum Maximino Arianorum episcopo*, Migne, VIII, 709. — *Contra Maximinum Arianum libri II*, Migne, VIII, 743. — Possidius, *Vita S. Augustini*, ch. 17, Migne, I, 48. *Adde*, V, 773.

qu'à son retour de Rome (1). Boniface, réintégré dans ses fonctions commença par négocier avec le chef des Vandales pour le
déterminer à rentrer en Espagne. Mais ses efforts ne réussirent
pas et les hostilités recommencèrent. Le comte d'Afrique livra
une bataille qu'il perdit et peu après fut assiégé dans Hippone
(Procope, *de bello Vandalico*, I, 3).

L'investissement d'Hippone eut lieu au mois de mai ou de
juin 430. Ce fut durant ce siège que mourut Saint-Augustin
(Prosper d'Aquitaine, sous l'année 430). Au mois d'août de
l'année 431 la ville n'était pas encore prise, grâce aux abon-
dantes provisions dont elle était munie, et les Vandales, inhabiles
dans l'art des sièges, renonçant à la réduire par la famine, durent se retirer pour ne pas souffrir eux-mêmes du manque de
vivres.

Peu après, Boniface ayant reçu des secours de Rome, et même
de Constantinople, (sous le commandement d'Aspar), attaqua les
Vandales. La fortune se montra encore une fois contraire. Il fut
battu près de Calama (Guelma) (2). Aspar retourna alors à Constantinople et Boniface, rappelé par Placide, regagna l'Italie. Il y
reçut le titre de *Magister militum* et, semble-t-il, celui de pa-
trice que le comte Marcellin lui donne dans sa chronique. On a
même des monnaies portant au droit l'effigie du jeune Valentinien III et au revers celle de Boniface : on a supposé qu'elles
avaient été frappées à l'occasion de son retour.

Mais peu après la guerre éclata entre lui et Aetius. Blessé par
celui-ci, il mourut trois mois après des suites de la blessure.
C'est cette dernière particularité qui, sans doute, fait dire à
Prosper d'Aquitaine qu'il mourut de maladie : *Bonifacius ab
Africa ad Italiam per urbem venit, accepta Magistri militum dignitate. Qui cum sibi resistentem Aetium praelio su-
perasset, paucos post dies morbo extinctus est.*

---

(1) Cf. la lettre de Darius à Saint-Augustin, dans les œuvres de
celui-ci., Migne, II, 1021. Il y est fait allusion à cette trêve qu'il es-
père voir changer en paix éternelle.

(2) Tillemont remarque qu'au concile d'Éphèse, en septembre 431,
on ignorait encore la défaite de Boniface (*Hist. eccles.*, XIV, p. 946).

Mais Idace, qui s'est contenté de noter le passage de Genseric en Afrique, est plus explicite sur ce point : *Bonifatius in aemulationem Aetii de Africa per Placidiam evocatus in Italiam ad palatium redit. Qui, depulso Aetio, in locum ejus succedens, pancis post mensibus, inito adversum Aetium conflictu, de vulnere quo fuerat perculsus interiit.*

Enfin, le comte Marcellin, qui n'a fait aucune allusion à la révolte de Boniface, ni à l'invasion vandale et a seulement mentionné la mort de Saint-Augustin, dit sous l'année 432 : *Placidiae matris Valentiniani instinctu, ingens bellum inter Bonifacium et Aetium patricios gestum est. Aetius longiore Bonifacii telo pridie sibimet praeparato, Bonifacium congredientem vulneravit illaesus ; tertioque mense Bonifacius vulnere quo sauciatus fuerat emoritur, Pelagiam uxorem suam valde locupletem, nulli alteri nisi Aetio ut nuberet exhortans.*

Quant à Hippone, la défaite de l'armée romaine ramena les Vandales sous ses murs et les habitants desespérés l'abandonnèrent à l'ennemi qui l'incendia. *Post ejus (Augustinus) obitum urbs Hipponensis incolis destituta ab hostibus (fuit) concremata.* (Possidius, *Vita S. Augustini*, c, 28., Migne, I, p. 58).

On ne sait rien touchant la chute de Constantine.

L'agonie de la puissance romaine en Afrique se prolongea encore pendant quelques années. Il ne m'appartient pas d'en faire ici l'histoire. Le départ du dernier comte d'Afrique pour Rome marque la fin de mon sujet. Voici cependant quelques dates importantes que les lecteurs seront peut être heureux de retrouver ici.

Le 11 février 435 un premier traité de paix fut conclu par Trigetius avec Genseric. Rome lui cédait une portion de l'Afrique à charge par lui de payer un tribut à Valentinien. *Pax facta cum*

Vandatis, data eis ad inhabitandum per Trigetium Africae portione, Hippone III idus februarii. Prosper d'Aquitaine (1).

Idace ne parle pas de ce traité. Procope (*de bello Vandalico*, I, 3) loue beaucoup l'esprit de modération dont Genseric fit preuve en cette circonstance. On ne trouve rien, à cet égard, dans le récit du comte Marcellin qui dit seulement qu'en cette année Sebastianus, gendre du comte Boniface, s'étant enfui en Afrique, y fut mis à mort par ordre de Genseric.

Carthage est prise par le roi des Vandales, en violation du précédent traité, le 19 octobre 439, suivant Idace et Prosper d'Aquitaine. – Le premier se contente de dire : *Carthagine fraude decepta die decimo quarto Kalendas novembris omnem Africam rex Gaisericus invadit.* – Le second est plus explicite: *Aetio rebus quae in Galliis componebantur intento, Gaisericus, de cujus amicitia nihil metuebatur, XIV kal. novembris Carthaginem dolo pacis invadit, omnesque opes ejus, excruciatis diverso tormentorum genere civibus, in jus suum vertit, nec ab ecclesiarum despoliatione abstinens, quas et sacris vasis exinanitas et sacerdotum administratione privatas, non jam divini cultus loca, sed suorum jussit esse habitacula. In universum captivi populi ordinem saevus, sed praecipue nobilitati et religioni infensus, ut non discerneretur hominibus magis an deo bellum intulisset. Hanc antem captivitatem Carthago subiit anno postquam Roma esse coeperat DLXXXV.*

Le comte Marcellin mentionne aussi la prise de Carthage, mais il la date du 10 des kalendes de novembre (23 octobre).

Enfin, Victor de Vita (*Historia persecutionis Africanae provinciae*, I, 12, de l'édition Petschenig) note aussi cet événement

---

(1) Marcus (*Hist. des Vandales*, p. 148 et suiv.) prétend qu'un premier traité avait été conclu entre Genseric et Boniface avant le départ de celui-ci pour l'Italie. Cette opinion me paraît inacceptable et ne se peut soutenir qu'en ponctuant deux phrases de Prosper d'Aquitaine de manière à attribuer à Boniface quelques mots qui se rapportent évidemment à l'élection du pape Sixte. Tissot (*Géog. comparée de la prov. rom. d'Afrique*, II, p. 47) admet, cependant, comme Marcus, le traité de 432.

et ajoute qu'un nouveau traité intervint alors avec Valentinien. Le roi Vandale paraît en avoir dicté les clauses : *disponens singulas provincias sibi Bizacenam, Abaritanam atque Getuliam et partem Numidiae reservavit; exercitus vero, Zengitanam vel proconsularem funiculo hereditatis divisit, Valentiniano edhuc imperatore reliquas licet jam exterminatas provincias defendente ; post cujus mortem totius Africae amlitum obtinuit.*

Prosper d'Aquitaine place ce traité sous le consulat de Dioscorus et Eudoxius, en 442 : *Cum Geiserico autem a Valentiniano Augusto pax confirmata et certis spatiis Africa inter utrumque divisa est.* Trois novelles que j'ai déjà citées (p. 19) fournissent des renseignements précieux sur les possessions que les Romains conservèrent alors en Afrique. Elles sont de 443, 445, 451. (1)

Victor de Vita, dans le passage précité, parle de la réduction complète de l'Afrique sous la puissance Vandale, après la mort de Valentinien III. Cette mort eut lieu le 16 mars 455. Genséric, appelé par Eudoxie, veuve de l'empereur assassiné, arriva au milieu de juin à Rome qu'il pilla. Il emmena Eudoxie captive et déchira les traités qui reconnaissaient une partie de la Numidie et les Maurétanies à l'empire.

Majorien tenta vainement, en 458, une expédition contre les Vandales. Sa flotte aborda en Afrique, mais subit une défaite. Peu après, il concluait la paix, en 460.

En 476, enfin, l'empereur d'Orient, Zenon, reconnaissait, après une tentative malheureuse de son prédécesseur, Léon, la possession paisible de l'Afrique aux Vandales, depuis les frontières de la Cyrénaïque jusqu'à l'Atlantique.

---

(1) Cf. aussi Tissot, *Géogr. comparée*, II, p. 47.

INCERTAINS

—

C. ATTIUS ALCIMUS FELICIANUS.

C. I. L., VIII, 822. A Turca, aujourd'hui Henschir-Buscha, au sud-ouest de Tunis : ...*nes*...*id*... *C. Attio Alcimo Feliciano, p(erfectissimo) v(iro), vice praef(ectorum duorum) praet(orio), praef(ecto) annonae, vice praef(ecto) vigulum, mag(istro) r(ei) summae privatae, magistr(o summa)rum rationum, curatori operis (thea)tri, proc(uratori) hereditatium, p(rocuratori)s (acrae monetae, p...... (procuratori p)rov(inciae) Narbonens(is), proc(uratori) priv(atarum) per Salariam Tiburtinam, Valeriam, Tusciam, proc(uratori) per Flaminiam, Umbriam, Picenum, item vice proc(uratori) quadrag(esimae) Galliar (um), proc(uratori) alimentor(um) per Transpadum, Histriam, Liburniam, advocat(o) fisci provinciar(um) XI, — Ob eximium amorem in patriam, splendidissimus ordo Turcet (anus) patrono.*

Il n'est pas douteux que nous sommes en présence d'un vicaire des préfets du prétoire. Le titre de *vir perfectissimus* qui lui est donné, cette particularité qu'il est attaché aux préfets du prétoire et non à un préfet déterminé nous indiquent qu'il remonte assez haut et probablement au temps de Dioclétien ou, au plus tard, aux premières années de Constantin.

Mais est-ce en Afrique qu'il exerça ses fonctions de vicaire ? Rien ne l'indique. L'inscription précitée a été élevée en Proconsulaire et elle n'y a été élevée par un municipe que dans le but d'honorer le magistrat qui en était sorti. Ce n'est, en somme, qu'un certificat d'origine. Voilà pourquoi je n'ai pas voulu faire place dans mes listes à C. Attius Alcimns Felicianus.

Il n'en est pas moins curieux de noter le *cursus honorum* de ce personnage. Nous voyons par quels grades et suivant quel ordre hiérarchique on pouvait arriver aux hautes fonctions de vicaires, car Alcimus Felicianus a été successivement :

Advocatus fisci provinciarum XI ;

Procurator alimentorum per Transpadum, Histriam, Liburniam ;

Vice procuratoris quadragesimae Galliarum ;

Procurator per Flaminiam, Urubriam, Picenum ;

Procurator privatarum per Salariam Tiburtinam, Valeriam, Tusciam ;

Procurator provinciae Narbonensis !

Procurator sacrae monetae ;

Procurator hereditatium ;

Curator operis theatri ;

Magister summarum rationum ;

Magister rei summae privatae ;

Vice praefecti vigulum ;

Praefectus annonae ;

Vice praefectorum praetorio.

Je n'essaierai pas de commenter ce *cursus :* il mériterait, à lui seul, un long mémoire. Je me contente de renvoyer ceux qui voudraient quelques renseignements à : Mommsen, *De C. Caelii Saturnini titulo* (dans les *Nuove Memorie del Instituto archeol.*, tom. II, p. 298 et suiv.) ; — Bouchard, *Étude sur l'administration des finances rom., passim ;* — Humbert, *Essais sur les finances et la comptabilité publique chez les Rom. ;* — Camille Jullian, *Transformations politiques de l'Italie ;* et surtout Hirschfeld, *Rom. Verwaltungsgeschichte ;* — Bethmann Hollweg, *Der civilprocess des gemeinen Rechts.*

M. CORNELIUS OCTAVIANUS.

Ephem. epig., v, 301, à Biska, Tunisie. Poinssot, *Bull. trim. des antiq. afric.*, p. 301, n° 156 :

M. Cornelio Octaviano v(iro) p(erfectissimo) praef(ecto) classis praet(oriae) misen(ae), — duci per Africam, Numidiam Mauretaniamque, — Splendidissimus ordo municipii Bisicensis, patrono incomparabili, ob merita.

Il n'a évidemment rien de commun avec les comtes d'Afrique, bien que ceux-ci aient été à l'origine des *duces*, comme on l'a vu dans l'introduction (p. 20-21). — Il paraît, du reste, antérieur à la création de ces fonctionnaires.

Notons un M. Cornelius Octavianus, mentionné dans une inscription votive aux dieux maures, trouvée à Sétif. C. I. L., viii, 8435. Il semble bien que ce soit le même.

FLAVIUS LEONTIUS.

Ephem. epig., v, 752, et vii, 374. — *Recueil de Constantine*, xxii, 1883, p. 363 ; à Lambèse : *Jovi optimo maximo, Deorum principi, gubernatori omnium rerum coeli terrarumque rectori, ob reportatam ex gentilibus barbaris gloriam, — Flavius Leontius v(ir) p(erfectissimus) dux per Africam posuit.*

Même observation que pour le précédent. Nous avons vu qu'il ne devait pas être identifié avec le Leontius envoyé en Afrique en même temps qu'Ursacius (cf. p. 58, note). Il me paraît plus ancien.

Nous trouvons cependant un Flavius Leontius consul en 344 et préfet de la ville en 356. — Cf. de Vit, *Onomasticon*, iii, p. 108.

NITENTIUS.

Il est difficile de dire si le personnage de ce nom (voir *supra*,
p. 100, note) auquel il est fait allusion dans une constitution
des empereurs Valens, Gratien et Valentinien est un vicaire
d'Afrique (l. 2 *ne sanctum baptisma iteretur*, xvi, 6). S'adres-
sant au vicaire Nicomachus Flavianus, en 377, les empereurs
lui rappellent les instructions envoyées précédemment à Nitentius. Est-ce un prédécesseur de ce magistrat? Je n'en serais pas
surpris. Godefroi dit, dans le commentaire de notre loi, que
c'était peut-être un envoyé avec mission spéciale de l'empereur
Gratien dont il est fait mention dans St-Ambroise *(Ép. 64)*. —
On relève aussi un Nicetius, préfet de l'annone en 385 (l. 5 *de
diversis rescript., C. Just., i, 23).*

Restent, enfin, quelques fragments d'inscriptions ou impar-
faitement lues ou trop incomplètes pour qu'on puisse en tirer
rien de certain. Je crois devoir les citer pour mémoire :

1° **Bassus.** — C. I. L., viii, 9611 ; à Miliana. On en a deux
copies :

IC BASSO V	O BASSO V
VICE PRAE	RI VICE PRA
IR OMININT	ER V HOMININT
A FORI VIXIT AN	ME ORI VIXIT AN
BASSNARA	ABASSNA PA
DD P CC	DDIC P CCV

Voici la restitution du *Corpus :* ... *Basso v(iro)*.... *prac
(fectorum praetorio) homini int(egerrimo)..... fori...
vixit an(nis).... a Bass(i)na pa(tri fecit et) dedicavit.
P(rovinciae) CCV.*

L'année 205 de la province de Maurétanie correspond à 244.

Cette restitution me paraît bien problématique. C'est une épi-
taphe singulièrement modeste pour un vicaire du préfet du prétoire. Je ne parle pas de la date : il n'y a à en tirer aucun argument, ni pour ni contre, sa lecture n'étant pas certaine.

Notons, du reste, qu'un certain nombre de personnages du nom de Bassus ont, au 4° siècle, exercé de hautes fonctions dans l'empire. — Cf. de Vit, *Onomasticon*. i. 686.

2° Alexander. — C. I. L., viii, 962. A Henschir-Elmdem :

ADMINI*stran*
TIBVS D
V C AMP PR
ET ALEXAND*ro*
POCAVPPI
NVS *f* PP *ex curatore*
R P A D
THERMARVM
posvit d d p. p

Restitution du *Corpus : Admini*(*stran*)*tibus d*(*ivino mandatu illo*) *v*(*iro*) *c*(*larissimo*) *amp*(*lissimo*) *pr*(*oconsule provinciae Africae*) *et Alexandro*....... (*flamen*) *p*(*er*)*p*(*etuus*) *ex* (*curatore*) *R*(*ei*)*p*(*ublicae*) *ad*... *thermarum* (*p*)*osu*(*it*) (*decreto decurionum pecunia publica*).

A la ligne 5, on propose de lire ainsi les lettres A C V P P I : *ag*(*enti*) *v*(*ices*) *p*(*raefecti*) *p*(*raetorio*). Mais, s'empressent d'ajouter les éditeurs, on ne peut s'empêcher d'objecter l'anomalie que présente la réunion ici du vicaire avec le proconsul.

Nous avons cependant vu un cas analogue pour Antonius Dracontius dans une inscription provenant également de la Proconsulaire. (C. I. L., viii, 10609). Cf. *Supra*, p. 93. Les deux fragments suivants présentent la même particularité.

3° Anonyme. — C. I. L., viii, 783 ; à Aïn-Tarf (Apisa Majus, dans la Proconsulaire) :

PRO CLEMENTIA SAECVLI
AGENS VICARIAM PR PRAETORIO

A rapprocher de la précédente et de celle d'Antonius Dracontius, à cause du lieu où cette mention est trouvée.

4° Anonyme. — C. I. L., viii, 824 ; à Henschir-Boucha (Municipium Turcetanum ? en Proconsulaire) :

11

I A/.....SSII
VAGENS IBI VICE
OR VRBA
I VI
VIII
II

C'est dans cette même localité, toujours en Proconsulaire, qu'on a trouvé l'inscription de C. Attius Alcimus Felicianus, citée plus haut.

ADDITIONS ET CORRECTIONS

P. 6, ligne 16. — Sur la *salutatio* et le *jus osculandi*. Cf. au Code Théodosien, les constitutions 109 *de decurion*, XII, 1 ; — 1 *de praep. sacri cubiculi*, VI, 8 ; — 1 *de praef. praet.*, VI, 7 ; — 1 *de comitibus vacantibus*, VI, 18 ; — au Code Justinien, l. 3 *de officio diversor. judicum*, I, 48 ; — Claudius, *De salutationibus veterum*.

P. 12, ligne 3. — Sur les attributions des vicaires en matière d'impôts, Cf. Humbert, *Essai sur les finances et la comptabilité publique chez les Romains*, II, p. 9 et s. et note 518, p. 368 et note 924.

P. 18, note 1. — M. Le Blant, *Les actes des Martyrs*, p. 68, mentionne un *adjutor commentariensis*.

P. 19, ligne 5. — Au lieu de Martinianus, en 415, lire : Macedonius, en 414.

P. 20, ligne dernière. — Jean Malala rapporte que, sous Dioclétien, les troupes et les garnisons de frontières furent commandées par un *dux* dans chaque gouvernement. (Cité par Naudet : *Changements opérés dans l'administration de l'empire sous les règnes de Dioclétien*, etc, p. 132.)

P. 22, ligne 21. — Je dis que les comtes d'Afrique ne sont encore, en 401, appelés que *clarissimi*. Cependant, en 398, la loi 31 *de episcopis* (C. Th., XVI, 2) donne à l'un d'eux le rang de *spectabilis*. Cela s'expliquerait s'il s'agissait de Gildon, mais, le 25 avril, date de cette loi, Gildon était vraisemblablement vaincu ou tout au moins en révolte ouverte. Ce n'est donc pas lui que vise ce texte. Cette particularité me donnerait à penser, contrairement à ce que j'ai enseigné dans le corps de ce travail (p. 115), que le successeur immédiat du comte révolté fut son frère Mascezel, auquel on transporta purement et simplement les titres et le rang de rebelle. C'est seulement après sa mort que Gaudentius aurait repris le rang traditionnel de clarissime. — Je dois dire seulement que cette observation, tout en m'ouvrant une vue nouvelle sur la question, ne me paraît pas décisive.

P. 25, ligne 21. — Aux faits que je cite pour établir que le comte d'Afrique exerçait son action en dehors de la Byzacène, de la Proconsulaire et de la Numidie, il faut joindre les démêlés du comte Romanus avec le Maurétanien Firmus qui amènent la révolte de celui-ci. Le conflit s'explique difficilement si l'on ne suppose pas que la Maurétanie était dans le ressort du comte d'Afrique.

P. 38, note 1. — Sur l'altération des actes des martyrs par les donatistes, Cf. Saint-Augustin : *Breviculum collationis diei* III, ch. 17. — M. l'abbé Duchesne, dans l'étude dont je vais parler, fournit des détails curieux sur cette question, à propos des martyrs d'Abbitine (page 7 du tirage à part).

P. 40, ligne 15. — Je me contente de dire d'Ursus qu'il était *rationalis africae*. C'est insuffisant. Nous trouvons, en effet, au Code Théodosien une constitution (l. 1 *de dilationibus*, II, 7) adressée *ad Ursum vicarium*, et datée du 6 mars 314. Il paraît difficile de faire une place à Ursus à cette date. La fonction est alors exercée, en effet, par Aelius Paulinus Verus, qui a commencé l'enquête de Felix d'Aptonge le 14 février précédent. Godefroi propose de corriger le texte et de lire soit *ad Ursum vi(rum) clarum* pour *virum clarissimum*, soit *ad Verum vicarium*. Mais, rien, dans le dispositif de cette loi, ne nous indique qu'elle vise l'Afrique. Il serait donc possible qu'Ursus, *rationalis* en Afrique en 313, ait été vicaire dans une autre région le 6 mars 314. Ursus est peut-être le même qui fut consul en 338. Cf. Tillemont, *Hist. des empereurs*, IV, 315.

P. 40, note 1. — La protestation à laquelle je fais allusion
vient de paraître. M. l'abbé Duchesne a publié dans les *Mélanges
d'archéologie et d'histoire de l'Ecole de Rome* (tome x, p. 589),
sous ce titre : *Le dossier du donatisme*, une dissertion dans
laquelle il combat la théorie de M. Otto Seeck. De la partie
consacrée à venger Saint-Optat des reproches que lui adresse le
critique allemand, j'aurai peu de choses à dire. Qu'il me suffise
de noter que le savant membre de l'Académie des inscriptions
me paraît établir aussi nettement que possible combien sont
peu fondées les objections élevées contre l'authenticité des documents qui se trouvent dans le recueil de l'évêque de Mileu.
J'insisterai plus particulièrement sur ce qui a trait aux vicaires
dont il est amené à s'occuper.

Il résume lui-même ses vues à cet égard, p. 646 (tirage à
part, p. 62) en disant que six vicaires se sont succédés dans la
période de 312 à 321 :

    Patricius ;

    Aelius Paulinus, qui serait le même qu'Aelafius ;

    Verus ;

    Domitius Celsus ;

    Eumelius ;

    Verinus.

Il estime, en outre, pour la *purgatio Felicis Aptungitani* que
l'audience proconsulaire d'Aelianus s'est tenue le 15 février 315
et non en août 314, comme je l'ai dit. Il n'a aucune difficulté à
se ranger à l'opinion de M. Seeck, qui sacrifie ici la date de
Saint-Augustin à celle du procès-verbal. Saint-Augustin se sera
trompé d'une année, soit, comme le veut M. Seeck, parce qu'il
aura confondu la note consulaire *p. c. Volusiano et Anniano* (315)
avec *Volusiano et Anniano* (314), soit parce qu'il aura pris dans
le procès-verbal la date d'une pièce lue à l'audience pour la
date de l'audience elle-même. — Un autre argument en faveur de
315 est que la lettre par laquelle Constantin ordonne, sur le vu
de l'enquête, de lui envoyer un des comparants convaincu de
faux témoignage, est adressée à Petronius Probianus, qui fut
nommé proconsul entre les 25 février et 25 août 315. Il serait

inconcevable que, possédant déjà cette pièce au printemps 314, il eut attendu une année avant de prendre la décision qu'elle lui inspira.

Je me suis trompé, je l'avoue, en prenant la date d'une pièce portant le 19 août 314 et lue à l'audience proconsulaire pour la date de cette audience même. Mais je persiste à croire qu'il n'y a pas nécessité de corriger la date du 15 février 314 donnée par Saint-Augustin. (1) Qu'on n'oublie pas que, suivant la lettre de Constantin, la *purgatio* confiée d'abord à Verus a subi une interruption par suite de sa maladie. Saint-Augustin nous aura donné la date du dommencement de l'enquête, le 15 février 314. C'est d'autant plus vraisemblable qu'il insiste en ajoutant que cette audience eut lieu quatre mois après la décision de Melchiade au concile de Rome (novembre 313). Seulement, il a tort en nommant le proconsul Aelianus à la place de Verus. Il ne voit que celui qui a rendu la décision finale et il oublie que ce n'est pas lui qui a instrumenté au début. Quant à la date de cette décision, elle est sans nul doute postérieure au 19 août 314, mais on ne peut dire qu'on la connaisse.

M. l'abbé Duchesne fait d'Aelius Paulinus et de Verus deux personnages différents, On a vu (p. 42 et s.) combien je suis hésitant à cet égard. Je ne puis dire que ma conviction soit aujourd'hui faite et que l'auteur que j'analyse m'ait mis dans la nécessité de revenir sur ce que j'ai professé. Il reconnaît, en effet, qu'Aelius Paulinus a entamé l'enquête (p. 645 des *Mélanges*, p. 61 du tirage à part) : « C'est lui qui avait entamé l'enquête sur Felix en ordonnant aux magistrats d'Aptonge de lui expédier les personnes dont on attendait des renseignements. » C'est, en effet, ce qui résulte du fragment placé au commencement de la *Purgatio Felicis*. Comment se fait-il alors que la lettre de Constantin à Petronius Probianus attribue l'ouverture de l'enquête à Verus ? Ou elle contient une confusion, ou Aelius Paulinus et Verus ne font qu'une seule personne.

---

(1) *Ad Donatistas post collationem*, ch. 33, Migne, ix, 687. Je répète la citation parce que j'ai indiqué inexactement (p. 45, ligne 9) la colonne de l'édition Migne.

En revanche, il faudrait, d'après M. l'abbé Duchesne, identifier Aelius Paulinus et Aelafius (p. 645, tirage à part, p. 61.) Le copiste du manuscrit de Cormery aurait commis ici une des erreurs de lecture qui fourmillent dans son travail. Cette opinion avait déjà été émise par M. Vœlter, comme on l'a vu plus haut (p. 48). Il y a là une hypothèse aussi difficile à réfuter qu'à justifier. L'auteur du « dossier du donatisme » allègue qu'il n'y a pas de place pour Aelafius, Patricius étant le vicaire de 312 ou de 313, Aelius Paulinus celui de 314, Verus celui de 315. Mais on peut se demander si la même année 314 n'a pas vu se succéder deux de ces magistrats. Je ne vois, du reste, rien qui établisse que Verus (en le supposant distinct d'Aelius Paulinus) fût en fonctions en février 315.

En somme, la nomenclature de M. l'abbé Duchesne, comparée à la mienne, donne la différence suivante :

<table>
<tr><td>M. l'abbé Duchesne :</td><td>Moi :</td></tr>
<tr><td>Patricius ;</td><td>Patricius ;</td></tr>
<tr><td>Aelius Paulinus (identifié avec Aelafius) ;</td><td>Aelius Paulinus (Verus) ;</td></tr>
<tr><td>Verus ;</td><td>Aelafius ;</td></tr>
<tr><td>Domitius Celsus.</td><td>Domitius Celsus.</td></tr>
</table>

Notons, en passant, l'argument très ingénieux par lequel M. l'abbé Duchesne réfute l'objection de M. Otto Seeck, au sujet de la lettre à Aelafius. L'itinéraire des évêques est, dit le savant allemand, « impossible. » M. l'abbé Duchesne répond : « Il est sûr qu'il eût été plus simple d'embarquer tout ce personnel à Carthage ou à Hippone et de l'expédier directement sur Arles ou Marseille. Mais nous ne sommes pas assez au courant des circonstances qui ont pu influer sur cet itinéraire pour prononcer qu'il est impossible. En tout cas, il n'y a pas là un argument contre l'authenticité de la pièce. En effet, si on la suppose fausse, on doit cependant admettre qu'elle a été rédigée par un africain du quatrième siècle. Or, le système des routes n'a pas dû changer sensiblement dans le courant de ce siècle. Les africains contemporains de St-Optat savaient comment on allait de leur pays en Gaule ; nul d'entre eux, au cas où il eût fabriqué une pièce comme celle-ci, n'aurait eu l'idée d'y introduire un itinéraire impossible. »

P. 43, ligne 9. — D'après St-Optat (i, 27), c'est au proconsul Aelianus que Constantin aurait écrit pour lui confier l'enquête sur Felix d'Aptonge. Voilà une nouvelle variante ; ce n'est plus Verus, comme dans la lettre à Probianus ; ce n'est plus Aelius Paulinus, comme semble l'indiquer le commencement de la *purgatio Felicis*. Il est difficile de rencontrer plus de contradictions. C'est à désespérer de mettre tous ces témoignages d'accord. M. l'abbé Duchesne pense que St-Optat s'est trompé et que la lettre en question était, en réalité, adressée à Aelius Paulinus (*Mélanges*, p. 596, et tirage à part, p. 12, note 2).

P. 48, ligne 27. — « Par une omission très singulière, Optat de Milève ne mentionne même pas le concile d'Arles et rapporte au concile de Rome des faits qui appartiennent manifestement à une époque postérieure. » (Duc de Broglie, *L'Église et l'empire romain au IVe siècle*, i, p. 284, note 2). Il est regrettable que M. le duc de Broglie n'ait pas insisté davantage sur ce dernier point.

P. 51, note. — Sur la lettre de Constantin aux évêques du concile d'Arles, voir les observations de M. le duc de Broglie, ouvrage précité, p. 290, note.

P. 55, ligne 27. — Voir encore les observations de M. le duc de Broglie sur la politique de tolérance inaugurée par Constantin en 321 (p. 298 et suiv.).

P. 59, note 1. — St-Optat raconte que Donat de Carthage adressa à Gregorius, au sujet de ces mesures, une lettre où il l'appelait *macula senatus, dedecus praefectorum*, et que Gregorius répondit avec la douceur d'un évêque. (*De schism. Donatistorum*, iii, 3).

P. 65. — La notice du vicaire Fabius Aco Catullinus demande à être complétée.

L'inscription à laquelle je fais allusion dans la note au bas de la page 65 est dans l'*Ephem. epigr.*, vii, 220 ; elle provient de l'Henchir-el-Gheria, près de Beja. En voici les deux premières lignes :

VACCVM ORDINES
ISVLATV ACONIS CATV

M. Cagnat propose de la lire ainsi : ... *Vac(censis) cum or-dines.... (proco)nsnlatu Aconis Catu(llini)....*, etc.

Je donne (p. 68) le texte de l'inscription au C. I. L , vi, 1780, tel qu'il est transcrit par Hubner qui tenait pour la forme Aconius. Mais celui-ci constate que presque toutes les anciennes copies de ce document dont l'original est perdu portaient :... *filiae Aconis Catullini*. Quant au texte qui suit (C. I. L., ii, 2635), l'original lui faisait également défaut ; mais il prétendait que la forme *Aco* était une abréviation pour Aconius. On voit, par le document que produit M. Cagnat, qu'Hubner se trompait.

P. 79, note 1. — Lire « ailleurs », au lieu de « d'ailleurs ».

P. 106. — Une fiche égarée m'a fait commettre une grave erreur. Camenius est, en réalité, Alfenius Ceionius Julianus Kamenius, comme il résulte de l'inscription suivante, trouvée en 1884 à San Donato *(Bull. de l'Inst. de Corr. archéolog.*, 1884, p. 56 et p. 208. *Ephem. epig.*, viii, 648) :

Inter avos proavosque tuos sanctumque parentem
virtutum meritis et honoribus emicuisti,
ornamentum ingens generis magnique senatus ;
sed raptus propere licuisti, sançte Kameni,
aeternos fletus obiens iuvenilibus annis.
Te dulcis conjunx lacrimis noctesque diesque
cum parvis deflet natis solacia vitae
amisisse dolens casto viduata cubili
quae tamen extremum munus solacia luctus
omnibus obsequiis ornat decoratque sepulcrum.
Alfenio Ceionio Juliano Kamenio V. C. quaestori candidato,

*praetori triumfali, VII viro epulonum, patri sacrorum
summi*

*invicti Mitre, Hierofante Æcatae, arcibuculo dei Liberi, XV
viro*

*S(acris) f(aciundis), tauroboliato deum matris, pontifici
majori, consulari*

*Numidiae et vicario Africae, qui vixit annos XLII, m(ensi-
bus) VI, d(iebus) XIII.*

*Rec(essit) II nonas septemb(ris). D. N. Archadio et FL
Bautone, V. C. Conss. (385).*

Alfenius Ceionius Julianus Camenius, vicaire d'Afrique, en
381, cela résulte de la loi 84 *de decurionibus* (C. Th. xii, 1)
avait été auparavant, comme on le voit par cette inscription,
consulaire de Numidie. Il est donc le même que le personnage que, dans mes *Fastes de Numidie*, j'ai, suivant l'opinion commune, confondu à tort avec le préfet de Rome en 333. Je renvoie, à cet égard, aux autorités que je citais alors. Je rappelle
seulement que, indépendamment de l'inscription précédente, les
documents qui se rapportent à ce personnage sont : C. I. L., vi,
1675 ; *Bull. della Commissione archéol. communale di Roma*,
1884, p. 43. Le préfet de Rome de 333 était seulement un membre de la famille du nôtre.

J'ajoute que ces deux dernières inscriptions ne mentionnant
pas le vicariat d'Afrique ont dû être gravées à une époque où
Camenius n'était pas encore arrivé à cette haute fonction.

P. 107. — L'inscription de Castorius a été reproduite C. I.
L., ix 5300.

P. 112, ligne dernière. — La référence de l'inscription est
inexacte. Il faut lire C. I. L., vi, 1730. Orelli, 1133.

P. 115, ligne 4. — Je viens de dire un peu plus haut qu'il se
pourrait bien que Mascezel ait été revêtu de la charge et des
dignités de Gildon, son frère.

P. 118. — Sur Seranus, voir encore : Mommsen, *Hermes*, iv,

p. 350, et les deux notes inédites de Borghesi, transcrites par Tissot (*Fastes*, p. 274).

P. 122, ligne 12. — Sur les jeux donnés par Symmaque, voir Boissier, *La fin du Paganisme*, II, p. 200.

BIBLIOTHÈQUE NATIONALE IMPRIMÉS

TABLE MÉTHODIQUE

ET CHRONOLOGIQUE

———

<table>
<tr><td colspan="2" align="center">VICAIRES</td><td align="center">COMTES</td></tr>
<tr><td colspan="3" align="center">De Dioclétien à la mort de Constantin</td></tr>
<tr><td>L. Domitius Alexander [304 ? 311]........</td><td>36</td><td></td></tr>
<tr><td>Patricius [312-313] ...</td><td>40</td><td></td></tr>
<tr><td>Aelius Paulinus Verus [313-314] ....
Enquête sur le cas de Felix d'Aptonge.</td><td>42,165</td><td></td></tr>
<tr><td>Aelafius [314] ....</td><td>47,165</td><td></td></tr>
<tr><td>Date du synode d'Arles..</td><td>48,165</td><td></td></tr>
<tr><td>Domitius Celsus [315-316]..............</td><td>50,165</td><td></td></tr>
<tr><td>Eumalius [316].......</td><td>53,165</td><td></td></tr>
<tr><td>Locrius Verinus [318-321]..............</td><td>54,165</td><td>Ursacius [vers 320].   57</td></tr>
<tr><td>Annius Tiberianus [326-327]..............</td><td>60</td><td></td></tr>
<tr><td>L. Aradius Valerius Populonius [vers 335].</td><td>64</td><td>Flavius   Gratianus [vers 330-340]...   61</td></tr>
<tr><td colspan="3" align="center">Les fils de Constantin</td></tr>
<tr><td>Fabius (?) Aco Catullinus Philomatius [337-339]...............</td><td>65</td><td></td></tr>
<tr><td>Petronius [340].......</td><td>69</td><td>Taurinus [vers 344].   69</td></tr>
<tr><td>Eubolidas [344].......</td><td>73</td><td>Date du concile de Sardique ....   73</td></tr>
<tr><td>Caesonianus [348].....</td><td>77</td><td>Sylvester..........   74</td></tr>
<tr><td>Q. Clodius Hermogenianus Olybrius [354]..</td><td>79</td><td>Cretio [350-361] ...   77</td></tr>
<tr><td>Martinianus [358].....</td><td>80</td><td></td></tr>
<tr><td>Julianus [360-361]....</td><td>81</td><td></td></tr>
<tr><td colspan="3" align="center">Julien</td></tr>
<tr><td>Claudius Avitianus [362-363]...............</td><td>82</td><td></td></tr>
</table>

VICAIRES

COMTES

INCERTAINS

ADDITIONS ET CORRECTIONS

TABLE ALPHABÉTIQUE

DES NOMS PROPRES

(Les noms en capitales se réfèrent aux titres des Notices)

C. PALLU de LESSERT.

BIBLIOTHÈQUE IMPRIMÉS

DU MÊME AUTEUR :

Etudes sur le droit public et sur l'organisation sociale de l'Afrique romaine :

    I. — LES ASSEMBLÉES PROVINCIALES ET LE CULTE PROVINCIAL, 1884 . . . . 3 fr.
    II. — LES GOUVERNEURS DES MAURÉTANIES, 1885 . 5 fr.

———

LES BRIQUES LÉGIONNAIRES, CONTRIBUTION A LA GÉOGRAPHIE MILITAIRE DE L'AFRIQUE ROMAINE, 1888 . . . . 1 fr.

———

LES FASTES DE LA NUMIDIE SOUS LA DOMINATION ROMAINE . 4 fr.
(Ouvrage couronné par l'Institut)

CONSTANTINE. — IMPRIMERIE ADOLPHE BRAHAM

www.ingramcontent.com/pod-product-compliance
Ingram Content Group UK Ltd.
Pitfield, Milton Keynes, MK11 3LW, UK
UKHW022342090726
13658UKWH00001B/425

9 782019 981655